WOLFGANG LEONHARD

ANMERKUNGEN ZU STALIN

ROWOHLT TASCHENBUCH VERLAG

Veröffentlicht im Rowohlt Taschenbuch Verlag,
Reinbek bei Hamburg, September 2010
Copyright © 2009 by Rowohlt · Berlin Verlag GmbH, Berlin
Umschlaggestaltung ZERO Werbeagentur, München,
nach einem Entwurf von any.way, Hamburg
(Foto: akg-images)
Satz Swift PostScript, InDesign,
bei Pinkuin Satz und Datentechnik, Berlin
Druck und Bindung Druckerei C. H. Beck, Nördlingen
Printed in Germany
ISBN 978 3 499 62485 8

INHALT

DER MYTHOS

In Putins Russland bahnt sich Unheilvolles an: Stalin kehrt zurück. Er kehrt zurück in die Köpfe der Menschen und in den Alltag. Und mit ihm eines der dunkelsten Kapitel russischer Vergangenheit. Für jemanden, der wie ich seine Jugend unter Stalin verbracht und sich zeitlebens mit den Verbrechen des Stalinismus auseinandergesetzt hat, ist das eine Ungeheuerlichkeit, die bisher noch viel zu wenig Beachtung fand.

Wenn in der russischen Provinz zu Stalins Geburtstag überlebensgroße Büsten des Diktators aufgestellt werden, mag man das für eine Provokation durch einige Unbelehrbare halten. Was aber derzeit in Russland geschieht, ist von einer anderen Tragweite. Es fügt sich zu einem Bild, das meine schlimmsten Befürchtungen bestätigt.

Symptomatisch ist das Ergebnis einer breitangelegten Meinungsumfrage, die 2008 vom staatlichen Fernsehsender «Rossija» initiiert wurde und in der über die «bedeutendste historische Persönlichkeit Russlands» abgestimmt werden sollte. Der Sieger: Jossif Wissarionowitsch Dschugaschwili – Stalin.

Fast drei Jahrzehnte, so lange wie kein anderer Herrscher, hat er an der Spitze der Sowjetunion gestanden. Die Zahl der Menschen, die seinem Terror zum Opfer fielen, ist unvorstellbar hoch, Historiker gehen von mehr als dreißig Millionen Toten aus. Wie kann es sein, dass einer der schlimmsten Verbrecher des zwanzigsten Jahrhunderts fünf Jahrzehnte nach seinem Tod zu neuen Ehren gelangt?

Die mangelnde historische Aufarbeitung, die von jeher den russischen Umgang mit der Stalin-Ära prägte, hat gewiss den Boden für diese Entwicklung bereitet. Ihre konkreten Ursachen aber sind in der Geschichte der vergangenen achtzehn Jahre zu finden. Nach dem Zerfall des Sowjetimperiums und seitdem immer mehr ehemalige Unionsrepubliken Anschluss an den Westen suchen, sieht Russland seine einstige politische Macht dahinschwinden. So wird Stalin, der Unbesiegte, der Erbauer eines starken Russlands, der Begründer der russischen Weltmacht, zur Verkörperung all dessen, wonach die russische Gesellschaft dieser Tage sich sehnt.

Es handelt sich dabei aber nicht nur um ein diffuses Bedürfnis in der Bevölkerung. Schlimmer: Von der Putin-Führung wird die Renaissance, die Stalin erlebt, aktiv gefördert. 2003, in Stalins fünfzigstem Todesjahr, wurde im ehemaligen Moskauer Revolutionsmuseum eine Ausstellung eröffnet, die unter dem Titel «Stalin,

Persönlichkeit und Symbol» ein entschärftes und oft verzerrtes Bild des Diktators und seiner Herrschaft entwarf. Die Ära des Stalinismus erstrahlte hier in einem Glanz, der die Besucher blenden sollte.

Die neue Verherrlichung beginnt schon bei denen, die sich nicht dagegen wehren können. Wladimir Putin hat im Sommer 2007 einen Leitfaden herausgegeben, der Lehrern seitdem als Richtschnur für den Geschichtsunterricht dient. Russische Schüler lernen Stalin heute als einen Politiker kennen, der zwar mit strenger Hand regiert hat, aber gerade deshalb den industriellen und weltpolitischen Aufstieg der Sowjetunion wie kein anderer hat befördern können. «Er verlangte das Unmögliche von den Menschen, um das Maximum zu erreichen», heißt es in Putins Handreichung: «Das Ergebnis von Stalins Säuberung war eine neue Klasse von Managern, die fähig war, die Aufgabe der Modernisierung zu lösen.» Zwar seien seine Mittel «Grausamkeit und Erbarmungslosigkeit» gewesen, seine Erfolge aber gäben ihm recht: «Die Stärkung des Staates, eingeschlossen die industrielle und militärische Kraft, war eines der Hauptprinzipien seiner Politik.»

Die Beispiele für die Stalin-Renaissance sind vielfältig. Während sich in Wolgograd örtliche Politiker darum bemühen, die Stadt auf ihren einstigen Namen zu taufen – Stalingrad –, hat Putin zur Jahrtausendwende die frühere Stalin-Hymne wieder zur offiziellen Nationalhymne erklärt.

Man darf vor diesen Entwicklungen nicht die Augen verschließen. Wenn ich sehe, was sich in der russischen Öffentlichkeit vollzieht, erscheint mir die Beschäftigung mit dem Mann, der gerade einen fragwürdigen Nachruhm entfaltet, nötiger denn je. Mein Anliegen ist es, ein Zeichen zu setzen. Denn nur wenn man verhindert, dass die kritische Auseinandersetzung mit dem Phänomen Stalin immer mehr abnimmt, kann man hierzulande auch das Bewusstsein für die unheilvollen Veränderungen schärfen, die in unserer europäischen Nachbarschaft vor sich gehen.

Es gibt nur noch wenige Menschen, die die Stalin-Ära unmittelbar erlebt haben. Ich bin einer von ihnen. Und so wird in diesem Buch meine Zeitzeugenschaft stets eine Rolle spielen. Auf den folgenden Seiten soll es nicht nur darum gehen, die Strategien und Methoden zu beschreiben, mit denen ein Mann, der 1878 als Sohn einfacher georgischer Eltern geboren wurde, den Weg an die Spitze eines Staates antreten und die große politische Idee einer Epoche zu einem Instrument grausamer Despotie pervertieren konnte. Mir ist es auch ein Anliegen, anhand meiner persönlichen Beobachtungen zu verdeutlichen, wie jener Mythos um Stalin entstehen konnte, der gerade seine traurige Renaissance erlebt.

Hier ist nicht der Ort, Stalins Biographie in all ihren von der Wissenschaft umfassend erforschten Details darzulegen. Mir geht es vor allem darum, das Wesen seiner Herrschaft, des Stalinismus, anschaulich zu machen. Und Stalin als historische Figur von jedem Mythos zu befreien: vom Mythos des stählernen, unbeugsamen Herrschers, der die Sowjetunion zur Weltmacht geführt hat, vom Mythos des «weisen Lehrers», der die marxistischen Ideen in die Tat umgesetzt hat, vom Mythos des Helden der bolschewistischen Revolution.

Die Geschichte, die mich persönlich mit Stalin verbindet, begann vor langer Zeit. Fast ein Dreivierteljahrhundert ist es her, dass ich ihm zum ersten Mal gegenüberstand. Es war am 1. September 1935 in Moskau, ich war vierzehn. Zweiundsiebzig neue Schulen waren dort im Jahr zuvor gebaut worden. Nun sollte ich eine von ihnen besuchen.

Als ich an diesem Morgen in die Kropotkinstraße einbog, erkannte ich sofort das moderne Gebäude der Karl-Liebknecht-Schule mit seiner hellen, vierstöckigen Fassade und den großen Fenstern. Ich betrat die Vorhalle, die Mappe mit meinen Büchern unter dem Arm. Mein Blick fiel auf die Statue, die dort im Portal stand und die ich jetzt jeden Morgen passieren würde. Nicht nur einem Vierzehnjährigen muss sie riesig vorgekommen sein. Ich betrachtete das Gesicht des Mannes, über den man ehrfürchtig als «Führer der fortschrittlichen Menschheit» sprach. So nah hatte ich es noch nie gesehen, obwohl es im Moskauer Alltag allgegenwärtig war. «Es gibt keine Festung, die die Bolschewiki nicht erstürmen können», war in steinernen Lettern in den Sockel der Statue geschlagen. Und die große Unterschrift lautete: «STALIN». Ich holte tief Luft und stieg die Treppe zu den Klassenzimmern hinauf. Das war meine erste Begegnung mit Stalin. Es sollten noch viele folgen in den kommenden Monaten und Jahren.

Während seiner Herrschaft gab es kaum etwas, das Stalin – ob durch Gewalt oder Überzeugungskraft – nicht hat verwirklichen können. Und genauso, wie er in seinem steinernen Ebenbild den Namen der Bolschewiki einmeißeln ließ, hat er seine Verbrechen stets im Namen einer revolutionären Idee verübt, die er längst verraten hatte. Stalin hat es vermocht, jede Festung zu erobern, sogar die Herzen der meisten Russen, die selbst in Zeiten schlimmsten Terrors und Elends noch an ihrem «weisen Lehrer» festhielten.

REISE NACH MOSKAU

Auch mich hatten die Bolschewiki zunächst im Sturm genommen. Wenige Wochen erst war es her, dass ich mit meiner Mutter aus dem schwedischen Exil nach Moskau gekommen war. Dorthin hatte man mich 1933 gebracht, weil es im nationalsozialistischen Deutschland zu gefährlich geworden war. Meine Mutter, einst eine enge Vertraute von Rosa Luxemburg, hatte sich aktiv am kommunistischen Widerstand gegen das Hitler-Regime beteiligt.

Zwei Jahre nach mir musste auch sie aus Deutschland fliehen, weil ihre illegale Vereinigung aufgeflogen war. In Schweden bekamen wir keine weitere Aufenthaltsgenehmigung. So stellte mich meine Mutter eines Abends vor die Wahl: Moskau oder Manchester. Ich zögerte keine Sekunde. Verheißungsvoll erschien mir die Stadt, aus der wir beständig die neuesten Berichte über den blühenden Sozialismus empfingen.

Umso enttäuschter war ich, als unser Zug endlich in das Gelobte Land einfuhr. Verfallene Häuser und ärmlich gekleidete Menschen bestimmten das Straßenbild. Es dauerte allerdings nicht lange, bis ich diese Enttäuschung überwand und mir zu erklären wusste, was ich bei meiner Ankunft in Moskau noch so irritiert zur Kenntnis genommen hatte.

Dafür sorgten die sowjetischen Grundbegriffe des Marxismus-Leninismus, die ich in Moskau sehr schnell verinnerlichen sollte. Als Erstes lernte ich, zwischen Form und Inhalt zu unterscheiden. Niemals dürfe man formale Ähnlichkeiten miteinander vergleichen, so wurde mir eingetrichtert, denn entscheidend war der inhaltliche Unterschied.

Wenn es also im kapitalistischen Westen baufällige Häuser gab, war dies typisch für den Untergang des Kapitalismus. Waren in der Sowjetunion Häuser baufällig, dann handelte es sich um die Reste der zaristischen Vergangenheit. Wenn im kapitalistischen Westen die Preise erhöht wurden, war dies ein untrügliches Zeichen für die Verschärfung der Ausbeutung der Arbeiterklasse und der Werktätigen. Wenn dagegen in der Sowjetunion die Preise erhöht wurden, war dies eine bedeutende volkswirtschaftliche Maßnahme für den sozialistischen Aufbau. Das war alles klar und deutlich. Und stets waren solche Lehren verbunden mit dem großen Führer Stalin, dessen Bild gleichsam über allem schwebte.

Während der zehn Jahre, die ich in Moskau und der Sowjetunion verbrachte, habe ich nicht nur unzählige Stalin-Statuen gesehen. Stalin war omnipräsent, auf Plakaten, in der Zeitung. Dass sein Name auf einer einzigen Seite der «Prawda» mehr als fünfzigmal auftauchte, war keine Seltenheit.

Ich habe aber auch erlebt, wie die marxistische Theorie und die alltägliche Praxis sich mehr und mehr voneinander entfernten. Ich habe erlebt, wie in Stalins Namen die ursprünglichen Ideen des Sozialismus zunehmend verändert wurden. Vor allem habe ich den Terror erlebt, die düstere Kehrseite dieser strahlenden Stalin-Ikonographie.

Dass das Leben im sowjetischen Alltag der dreißiger Jahre weit entfernt war von den Idealen der Freiheit, wie sie die Revolution verheißen hatte, war mir bald zur Normalität geworden. Abends, wenn im «Kinderheim Nr. 6», in dem ich mittlerweile lebte (meine Mutter hatte eine kleine Wohnung bezogen), die Lichter ausgeschaltet wurden, lag ich im Bett und ließ angestrengt den vergangenen Tag Revue passieren. Hatte ich etwas Falsches gesagt? Hatte ich mich durch eine Unvorsichtigkeit in Gefahr begeben?

Allzu schnell musste ich erfahren, was eine solche Unvorsichtigkeit zur Folge haben konnte. Meine Mutter war bereits 1925 aus der kommunistischen Partei ausgetreten und zählte seither zu jenen, die sich als unabhängige Kommunisten verstanden und engagierten. Sie muss um das Risiko gewusst haben, das ein Leben in Moskau für sie bedeutete. Trotzdem hatte sie sich im Sommer 1935 für die Reise dorthin entschieden.

DIE VERHAFTUNG MEINER MUTTER

Als ich an einem Nachmittag im späten Oktober des Jahres 1936 die schmale Treppe zu ihrer Wohnung in der Nähe des Nikitskij-Tors hinaufstieg, fand ich die Tür ihres kleinen Zimmers, kaum mehr als ein Verschlag, versiegelt. Man hatte sie abgeholt. Wie immer, wenn Stalins Schergen auftauchten, war es in den frühen Morgenstunden geschehen.

Neun Monate hörte ich nichts von ihr. Dass sie auf einer «Kommandierung» sei, war alles, was mir Nachbarn oder Bekannte sagten. Eine Kommandierung war die übliche Bezeichnung für die plötzliche Anweisung einer Dienststelle, eine bestimmte Arbeit an einem bestimmten Ort zu verrichten. Aber schon bald wurde sie verurteilt: fünf Jahre Lagerhaft. Jeder wusste, diese für damalige Verhältnisse milde Strafe bedeutete, dass der Inhaftierte unschuldig war. Man nahm es hin. Bald darauf verschwanden nach und nach auch alle Lehrer der Karl-Liebknecht-Schule.

Erst vor kurzem habe ich etwas erfahren, das mich noch einmal über meine Biographie und mein Verhältnis zu Stalin hat nachdenken lassen. Ich habe nun Gewissheit, dass mein Vater nicht, wie ich zeitlebens angenommen hatte, der Dramatiker Rudolf Leonhard gewesen ist – Leonhard war überzeugter Kommunist und ist als solcher 1953 in der DDR, in die er aus seinem Pariser Exil übergesiedelt war, gestorben. Es erscheint nun als gesichert, dass mein leiblicher Vater Mieczyslaw Bronski war, ein enger Vertrauter Lenins, der 1938 auf Stalins Geheiß erschossen wurde. Stalin hat also nicht nur meine Mutter zu jahrelanger Lagerhaft gezwungen, er hat auch meinen Vater ermorden lassen.

Ich habe schon vor diesen Ereignissen nie zu den glühenden Verehrern Stalins gezählt. Über meinem Bett hingen, in Postkartengröße, die Porträts von Marx, Engels und Lenin, meinen Helden der Revolution. Spätestens seit ich 1936 John Reeds Buch «Zehn Tage, die die Welt erschütterten» gelesen hatte, das die Ereignisse der Oktoberrevolution 1917 schildert, hatte sich in mir eine Art Misstrauen herausgebildet. Konnte es sein, dass Stalin, der gefeierte Held der sozialistischen Revolution und würdige Nachfolger Lenins, gar nicht die entscheidende Figur bei den revolutionären Umwälzungen war, wie man uns beständig glauben machte?

Dass man solche Zweifel nicht öffentlich äußerte, vielleicht noch nicht einmal vor sich selbst wirklich formulierte, wird Menschen, die nicht in einer Diktatur aufgewachsen sind, schwer nachvollziehbar sein. Sie sollten es aber dennoch als unheilvollen Beweis dafür verstehen, wie machtvoll ein System nicht nur das äußere Leben prägen kann, sondern wie sehr es bis in den privatesten Raum, in das Denken und Handeln der Menschen, übergreift.

Ich habe diese Mechanismen einer Diktatur erlebt. Erst 1949 zog ich endgültig die Konsequenzen und flüchtete aus der Sowjetzone nach Jugoslawien, um fortan von außen die Verhältnisse in der stalinistischen Sowjetunion beobachten und kritisch untersuchen zu können.

Seit nunmehr sechzig Jahren bestimmt die Auseinandersetzung mit dem Sowjetkommunismus und dem Stalinismus mein Denken und Arbeiten. Ich war anfangs als Ostexperte in der Bundesrepublik tätig und habe dann zwanzig Jahre lang an der Universität Yale die Geschichte des Kommunismus gelehrt. Stets habe ich die aktuellen Entwicklungen in der Sowjetunion genau verfolgt.

Mit Hoffnung habe ich beobachtet, wie unter Chruschtschow, wenn auch zögerlich, damit begonnen wurde, die Verbrechen Stalins aufzuarbeiten. Und mit Freuden habe ich verfolgt, dass unter Gorbatschow und Jelzin dieser Prozess, der unter Breschnew zum Erliegen gekommen war, fortgesetzt wurde. Doch traf die Aufarbeitung auf heftigen Widerstand. Mit dem Ergebnis, dass Stalin im heutigen Russland unter Putin eine Wiederkehr erlebt, wie ich sie mir schlimmer nicht hätte vorstellen können.

Die Karl-Liebknecht-Schule in der Kropotkinstraße, deren Türen ich am 1. September vor fast fünfundsiebzig Jahren zum ersten Mal geöffnet habe, gibt es noch immer, 29. Moskauer Spezialschule heißt sie heute. Ich wünsche nichts mehr, als dass niemals wieder ein Schüler ehrfürchtig vor der Statue eines Diktators verharren möge. Vielleicht kann dieses Buch dazu einen kleinen Beitrag leisten.

DER AUFSTIEG

Lenins Tod war Stalins politische Geburtsstunde. Spätestens jetzt, Anfang 1924, war der Aufstieg des Mannes, der bald die unumschränkte Herrschaft über die Sowjetunion erringen sollte, besiegelt. Die Grundlage für diese Entwicklung hatte der Bürgerkrieg der Jahre 1918 bis 1922 geschaffen. Es war ein langer Kampf, den die Bolschewisten gegen die Gegner der Revolution im Innern und Äußeren zu bestehen hatten.

Durch die Entbehrungen während des Krieges, durch Hunger und Elend war in der Bevölkerung der revolutionäre Elan der ersten Jahre versiegt. Doch nicht nur die Stimmung im Volk hatte der Bürgerkrieg verändert. Er hatte auch einen strukturellen Wandel innerhalb der bolschewistischen Partei bewirkt, der sich für Stalins Karriere als hilfreich erweisen sollte. Bis zum Bürgerkrieg war die Partei kaum mehr als ein Zusammenschluss Gleichgesinnter gewesen. Während des Krieges wurde ihr administrativer Charakter nun so gestärkt, dass sie schrittweise zum bürokratischen Machtapparat mutierte. Nicht nur schuf man den Posten des Generalsekretärs des Zentralkomitees, den

Stalin 1922 einnahm. Auch das Politbüro, das ursprünglich nur die Entscheidungen zwischen den Sitzungen des Zentralkomitees zu verantworten hatte, entwickelte sich jetzt zum eigentlichen Führungsorgan.

Nicht lange nach dem Ende des Bürgerkriegs hatte Lenin, Kopf der bolschewistischen Partei und Vordenker der Oktoberrevolution, einen Schlaganfall erlitten, weshalb er die Regierungsgeschäfte nur noch mit Mühe führen konnte. Sein Gesundheitszustand hatte sich bereits zuvor kontinuierlich verschlechtert, weitere Zusammenbrüche waren gefolgt, sodass er in seinen letzten Lebensmonaten kaum zu sprechen imstande war. Allen musste klar sein, dass sein Ableben und damit eine Neuformierung der Parteispitze unmittelbar bevorstand. Aber auch wenn die Nachfolgekämpfe im Politbüro längst offen ausgebrochen waren, schien man nicht vorbereitet auf jenen Augenblick, als Lenin am 21. Januar 1924 im Alter von 53 Jahren starb.

Wenige Tage später, am 27. Januar, wurde er in Moskau beigesetzt. Nicht nur die Bevölkerung trauerte um den Mann, der wie kein anderer für die Versprechen der Revolution stand: für eine Gesellschaft von gleichen und freien Menschen. Erschütterung herrschte auch im Politbüro. Nikolai Iwanowitsch Bucharin, von 1918 bis 1922 Chefredakteur der «Prawda» und Verfasser des Programms der Kommunistischen Internationalen, rang vor dem aufgebahrten Leichnam um Worte, der Verlust des Revolutionsführers ging ihm offenbar allzu nahe. Lew Kamenew, der Moskauer Parteichef, hielt eine lange emotionale Rede. Grigori Sinowjew schließlich, einer der engsten Vertrauten Lenins und Chef der Komintern, stand zu Tränen gerührt am Sarg.

Ein anderer Genosse war gar nicht erschienen – Leo Trotzki, der zweite Mann nach Lenin, Held der Revolution und Schöpfer der Roten Armee, der in der Bevölkerung größtes Ansehen genoss. Trotzki hielt sich in Lenins letzten Lebenswochen aus gesundheitlichen Gründen im Kaukasus auf. Statt sofort nach Erhalt der Todesnachricht aufzubrechen, um in dieser politisch heiklen Lage Präsenz zu zeigen und die Geschicke vor Ort in Moskau zu regeln, verharrte Trotzki fernab in der Provinz und zog es vor, sich die Trauer über Lenins Tod von der Seele zu schreiben.

In seinen Memoiren gibt Trotzki Stalin die Schuld an seinem Fernbleiben, habe dieser ihm doch einen falschen Beerdigungstermin mitteilen lassen, der es ihm unmöglich gemacht habe, rechtzeitig in Moskau einzutreffen. Dass er es auch danach nicht für nötig hielt, ins Zentrum der Macht zurückzukehren, zeugt gewiss von mangelndem Instinkt. Vor allem zeigt es, wie sehr Trotzki auf seinen eigenen Nimbus und das Ansehen im Volk vertraute. Dass er die sicher geglaubte Position als Thronfolger verteidigen musste, kam ihm nicht in den Sinn. Es war auch Hochmut im Spiel: Trotzki hielt – was Stalin betraf, vielleicht zu Recht – seine Widersacher für intellektuell unterlegen, deshalb unterschätzte er sie.

Wie anders reagierte Stalin! Er war seit zwei Jahren Generalsekretär des Zentralkomitees und eines von sieben Mitgliedern des Politbüros. Sofort hatte er erkannt, dass die Beisetzung Lenins die Gelegenheit bot, seine Machtposition entscheidend auszubauen. So war er es gewesen, der dafür sorgte, dass gegen Lenins letzten Willen und gegen den Widerstand seiner Witwe Nadeschda Krupskaja das Begräbnis als ein großer feierlicher Akt inszeniert wurde.

Lenins Leichnam war auf Stalins Betreiben auf dem Roten Platz in Moskau aufgebahrt worden. Zu den Klängen der Internationale wurde der offene Sarg zum eigens errichteten Mausoleum getragen, einem provisorischen Holzbau, an dem Stalin mit anderen die Totenwache hielt. Eine halbe Million Menschen, die in klirrender Kälte Schlange stand, nahm Abschied vom Führer der Revolution. Genau um 16 Uhr, als der Sarg langsam in die Gruft hinabgelassen wurde, heulten in ganz Russland die Sirenen. Im Radio vernahm man die Worte: «Erhebt euch, Genossen, Iljitsch wird ins Grab gesenkt.» Dann folgte Schweigen, und alles stand still – Züge, Schiffe, Fabriken –, bis im Radio zu hören war: «Lenin ist tot – aber der Leninismus lebt!»

Wie um zu beweisen, dass der Leninismus wirklich lebte, präsentierte Stalin einen Körper, der wie die Heiligenreliquien gegen Verwesung gefeit war. Daher wurde der Leichnam einbalsamiert – gegen den Widerspruch Trotzkis, Bucharins und Kamenews.

DER SCHWUR

Aber nicht nur seine Präsenz auf der Beisetzung sollte Stalin die Aufmerksamkeit des trauernden Volkes sichern. Vor allem war es die Rede, die er zum Tode Lenins hielt – mit ihr zeigte er sich im entscheidenden Moment als pragmatisch agierender Realpolitiker, der, wenn es darauf ankam, den richtigen Ton traf.

Stalin trauerte nicht, er schwor. Er verlor sich nicht in sentimentalen Erinnerungen. Er zeigte keine Schwäche. Keine Orientierungslosigkeit. In knappen, verständlichen Sätzen, die klangen, als seien sie einem Gebetbuch entnommen, gelobte er, Lenins Vermächtnis zu erfüllen.

Schon der Auftakt der Rede zog die Zuhörer in den Bann: «Wir Kommunisten sind Menschen von besonderem Schlag. Wir sind aus besonderem Material geformt», hob Stalin an: «Wir sind diejenigen, die die Armee des großen proletarischen Strategen bilden, die Armee des Genossen Lenin. Es gibt nichts Höheres als die Ehre, dieser Armee anzugehören. Es gibt nichts Höheres als den Namen eines Mitglieds der Partei, deren Gründer und Führer Genosse Lenin ist. Nicht jedem ist es gegeben, Mitglied dieser Partei zu sein. Nicht jedem ist es gegeben, die Unbilden und Stürme zu bestehen, die mit der Mitgliedschaft in unserer Partei verbunden sind.»

In diesen Sätzen findet sich bereits vieles, was für den Stalinismus typisch werden sollte: der Vergleich der Partei mit einer Armee (unter Marx und Engels undenkbar), die starke Betonung ihrer führenden Rolle im Staat, die Verherrlichung des Führers – in diesem Falle noch Lenins –, und schließlich jenes elitäre Bewusstsein, «aus besonderem Material geformt zu sein», das die Genossen in Zukunft über so manche Entbehrung hinwegtragen sollte.

Dann gab Stalin kurz und prägnant die wesentlichen Errungenschaften und Ziele Lenins wieder und schloss jeweils mit einer fast gleichlautenden Formel: «Als Genosse Lenin von uns schied, hinterließ er uns das Vermächtnis, den erhabenen Namen eines Mitglieds der Partei hochzuhalten und in Reinheit zu bewahren. Wir schwören dir, Genosse Lenin, dass wir dieses dein Gebot in Ehren erfüllen werden!»

Indem er die Schlussformel wiederholte, verlieh Stalin seinen Worten einen fast litaneiartigen Charakter. Selbst jene Passagen, die das Wirken Lenins preisen, zeugen von geradezu religiöser Verehrung. Lenin habe, heißt es da, den unterdrückten Massen gezeigt, dass «die Hoffnung auf Erlösung nicht verloren» sei und dass «das Reich der Arbeit auf *Erden* und nicht im Himmel errichtet werden muss». Insgesamt sechsmal spricht Stalin die Schwurformel. Und schließt mit einem emphatischen Ausblick auf eine große Zukunft:

«Als Genosse Lenin von uns schied, hinterließ er uns das Vermächtnis, den Grundsätzen der Kommunistischen Internationale die Treue zu bewahren. Wir schwören dir, Genosse Lenin, dass wir unser Leben nicht schonen werden, um den Bund der Werktätigen der ganzen Welt, die Kommunistische Internationale, zu festigen und zu erweitern!»

Stalins Rede war ein brillanter Schachzug. Schon ihre Form war ganz und gar ungewöhnlich. Bewusst hatte Stalin sich für die religiöse Rhetorik entschieden, um seiner Rede Intensität zu verleihen. Von Weltrevolution kein Wort mehr. Er hatte in seiner Jugend ein Priesterseminar besucht und war mit den Regeln der Liturgie zur Genüge vertraut. Wie sonst wäre es zu erklären, dass er ausgerechnet den Schwur wählte, der der üblichen Sprache der Bolschewisten vollkommen fremd war!

Die Zuhörer waren beeindruckt. Stalins Redekunst hatte ihre Wirkung voll entfaltet. Im Gegensatz etwa zu Bucharin oder Kamenew, die durch den Tod

Lenins wie gelähmt wirkten, beschwor Stalin als Einziger die Kraft der kommunistischen Idee und zeigte sich gewillt, diese Idee im Sinne Lenins fortzuführen. Am wichtigsten aber war: Genau in dem Moment, als die Parteispitze ein Bild der Auflösung bot, stiftete er inneren Zusammenhalt und gab den verunsicherten Genossen neuen Mut.

Hier offenbarte sich erstmals eine seiner wichtigsten Fähigkeiten: Stalin besaß ein untrügliches Gespür dafür, wie man Stimmungen im Volk für die eigenen Ziele nutzen konnte. So hatte er mit seiner Totenrede ein erstes markantes Zeichen gesetzt, das ihn aus dem Kreise der führenden Genossen sichtbar emporhob.

Mit diesem perfekt inszenierten Auftritt begannen sich die Machtverhältnisse im Politbüro zu verschieben. Die einen – Bucharin, Kamenew und Sinowjew – zeigten sich in den Tagen nach Lenins Tod ohne Willen. Trotzki war außer Reichweite. Stalin hingegen nutzte die Situation, um seine Stellung auszubauen. Es gelang ihm, die Erinnerung an Lenin als Revolutionsführer für seine eigenen Zwecke zu nutzen. Er etablierte den Mythos eines starken Führers, für dessen Nachfolge niemand anderes als er selbst in Frage kommen würde.

Neben dieser inszenatorischen war aber noch eine strategische Leistung nötig, um die finale Wegstrecke zur Macht bewältigen zu können. Denn beinahe hätte der Tod Lenins nicht Stalins Aufstieg, sondern im Gegenteil seinen Fall zur Folge gehabt.

LENINS WARNUNGEN

Seit Stalin am 3. April 1922 zum Generalsekretär des Zentralkomitees ernannt worden war, hatte Lenin sein Wirken mit zunehmender Besorgnis verfolgt: «Dieser Koch wird uns noch scharf gewürzte Speisen bereiten!», kommentierte er dessen neue Machtposition.

Als Mitglied des Politbüros und nunmehr Generalsekretär hatte Stalin zwei Schlüsselstellungen im Parteiapparat inne. Außerdem leitete er das Volkskommissariat für Nationalitätenfragen und die Arbeiter- und Bauerninspektion. Ihm unterstand praktisch die Aufsicht über die gesamte Staatsverwaltung und ihr Personal. Er konnte nach Belieben Freunde befördern und seine Gegner entlassen. So hatte er unter anderem allein im Jahr 1922 zehntausend Parteifunktionäre in der Provinz ernannt, die ihm fortan als verlässliche Hausmacht dienen konnten. Durch die Umstrukturierungen, die in der Partei während des Bürgerkriegs vorgenommen worden waren, hatte Stalin einen Apparat in die Hände bekommen, mit dessen Hilfe er sich mehr und mehr Macht sichern konnte.

Was Lenin und Trotzki Sorge bereitete, war indes

nicht nur die Häufung der Ämter, die Stalin innerhalb kurzer Zeit besetzte. Es war vor allem die Verbindung dieses Einflusses mit brennendem Ehrgeiz, Rücksichtslosigkeit und ungewöhnlicher Arbeitswut. Dabei waren beide – Lenin wie Trotzki – mitverantwortlich dafür, dass sich Stalin aus einem Gehilfen Lenins zum zweiten Mann im Staat und in der Partei emporschwingen konnte. Sie hatten ihm nicht nur keinen Einhalt geboten, sondern seine Kandidatur zum Posten des Generalsekretärs sogar noch unterstützt – Stalin, der brillante Organisator, schien ihnen der Garant für die Stabilität der Partei zu sein.

Nun aber, da Stalin seine neuerlangte Macht rücksichtslos für seine eigenen Zwecke zu missbrauchen drohte, fürchtete Lenin die Spaltung der Partei. Seine Sorge galt der wachsenden Macht der führenden Parteiorgane, die Stalin kontrollierte, und der zunehmenden Kluft zwischen der Führung und der Basis. In seinem politischen Testament, das er Mitte Dezember 1922 verfasste, acht Monate nach Stalins Ernennung zum Generalsekretär, reflektierte er ausführlich über diese Gefahren – und über seine Nachfolge.

Zwar bleibt keines der Politbüromitglieder in Lenins höflichem, aber streng formuliertem Urteil frei von Kritik: Bucharin sei gewiss der Liebling der Partei, seine theoretischen Postulate seien indes fragwürdig. Trotzki wiederum, schreibt Lenin, unterschätze die Schwierigkeiten Russlands und überschätze im Gegenzug die Möglichkeiten der internationalen Revolution. Für die Zukunft, so schließt Lenin, sei also eine kollektive Führung der Partei die einzig richtige Alternative – er fürchtete besonders die persönliche Rivalität zwischen Trotzki und Stalin.

Vor allem aber ließ er sich über den amtierenden Generalsekretär des Zentralkomitees aus. In dieser Passage, die alle anderen Einschätzungen an Schärfe bei weitem übertraf, warnte Lenin davor, Stalin noch mehr Machtbefugnisse anzuvertrauen: «Genosse Stalin hat, nachdem er Generalsekretär geworden ist, ungeheure Macht in seinen Händen vereinigt, und ich bin nicht überzeugt, ob er es immer versteht, von dieser Macht vorsichtig genug Gebrauch zu machen.»

LENINS TESTAMENT

In seiner Eigenschaft als Volkskommissar für das Nationalitätenwesen hatte Stalin die gewaltsame Wiedereingliederung der vom russischen Gesamtstaat abgefallenen Nationalitäten durchgesetzt – und war hierbei, zum Missfallen Lenins, auch gegen die Georgier mit äußerster Brutalität vorgegangen. In seinen Notizen von Ende Dezember verglich Lenin den Spitzengenossen daher mit einem «großrussischen Chauvinisten, ja im Grunde Schurken und Gewalttäter», der kleine Nationen wie Georgien drangsaliere, während doch für die russische Regierung «größte Vorsicht, Zuvorkommenheit und Nachgiebigkeit» gegenüber deren legitimen nationalen Bestrebungen vonnöten sei.

Noch entschiedener fiel das Urteil aus, das Lenin im Januar 1923 seinem Testament in einem Nachtrag beifügte. Hier forderte er ganz ausdrücklich die Absetzung des Emporkömmlings: «Stalin ist rücksichtslos, und wenn dieser Fehler auch in den Beziehungen unter uns Kommunisten erträglich ist, so kann er in der Funktion des Generalsekretärs nicht geduldet werden. Deshalb schlage ich den Genossen vor, sich zu überlegen, wie man Stalin ablösen könnte, und jemand anderen an diese Stelle zu setzen, der sich in jeder Hinsicht von dem Genossen Stalin nur durch einen Vorzug unterscheidet, nämlich dadurch, dass er toleranter, loyaler, höflicher und den Genossen gegenüber aufmerksamer, weniger launenhaft usw. ist. Es könnte so scheinen, als sei dieser Umstand eine winzige Kleinigkeit. Ich glaube jedoch, unter dem Gesichtspunkt der Vermeidung einer Spaltung und unter dem Gesichtspunkt der von mir oben geschilderten Beziehungen zwischen Stalin und Trotzki ist das keine Kleinigkeit oder eine solche Kleinigkeit, die entscheidende Bedeutung gewinnen kann.»

Zwei Monate später diktierte Lenin seinem Sekretär ein Schreiben an Stalin, das «alle persönlichen und kameradschaftlichen Beziehungen» zu ihm beendete. Und etwa zur gleichen Zeit, am 5. März 1923, erschien ein Artikel Lenins in der «Prawda», in dem er, ohne Stalin beim Namen zu nennen, wiederum mit aller Schärfe und Deutlichkeit das Volkskommissariat der Arbeiter- und Bauerninspektion kritisierte, das unter der Leitung Stalins stand.

Lenins Zweifel an Stalin waren also bekannt. Und doch machte erst das Testament seinen Bruch mit Stalin in aller Konsequenz deutlich. Wäre sein Inhalt nach Lenins Tod veröffentlicht worden, hätte dies Stalins politischen Aufstieg jäh beendet. Er wusste dies. Dass es dazu nicht kam, ist seiner strategischen Klugheit zuzuschreiben.

Stalin nutzte die Angst einiger Mitglieder des Politbüros, die befürchteten, dass nach Lenins Tod Trotzki, die Lichtgestalt der Revolution, an dessen Stelle treten könnte und sie alle erheblich an Bedeutung verlieren würden. Gewiss war Trotzki in der Öffentlichkeit der populärste Spitzengenosse. Gleichzeitig aber überschätzte man Trotzkis Machtwillen und seine taktischen Fähigkeiten. Das zeigte nicht nur sein Fernbleiben nach Lenins Tod. Es sollte spätestens dann offenkundig werden, als Stalin seinen Konkurrenten mühelos entmachten und ins Abseits drängen konnte.

Für Stalin bot die Angst vor Trotzki, die das Politbüro beherrschte, eine günstige Ausgangslage. Es gelang ihm, dort eine Koalition gegen Trotzki zu schmieden. Die Allianz mit Kamenew und Sinowjew verschaffte Stalin zugleich eine Mehrheit in diesem Gremium, mit deren Hilfe er die Veröffentlichung von Lenins testamentarischen Verfügungen verhindern wollte. Kamenew und Sinowjew wiederum glaubten Stalin, den sie für Mittelmaß hielten, benutzen zu können, um ihre eigenen Ansprüche auf die Führung zu untermauern.

Im Mai 1924, vier Monate nach Lenins Tod, fand die entscheidende Sitzung im Zentralkomitee statt. Zur Debatte stand, ob das Testament dem bevorstehenden Parteikongress vorgelegt werden sollte. Es war der heikelste Moment in Stalins Aufstieg. «Stalin, der auf der Treppe zur Rednertribüne saß, sah klein und hässlich aus», beschreibt ein Augenzeuge die Szene: «Trotz seiner Selbstbeherrschung und der von ihm zur Schau getragenen Ruhe, war es offenkundig, dass er fühlte, wie sein Schicksal auf des Messers Schneide stand.»

Zu dieser Zeit hatte sich um Lenin, den verstorbenen Revolutionsführer, längst eine Art Heiligenkult entwickelt. Straßen, Plätze, Universitäten waren nach ihm benannt worden. Sogar eine ganze Stadt. Seine Schriften wurden kanonisiert, keine Diskussion konnte ohne Verweis auf Lenins Worte geführt werden. In dieser Atmosphäre war es ein großes Wagnis, dem ausdrücklichen Willen des Verstorbenen zu widersprechen.

Zunächst wurde das Testament im Zentralkomitee verlesen. Danach ergriff Sinowjew das Wort: «Genossen!», rief er. «Jedes Wort von Iljitsch ist für uns Gesetz. Wir haben geschworen, alles zu erfüllen, was uns der sterbende Iljitsch hieß.» Die Vorbehalte aber, die er in seinem Testament über den Generalsekretär Stalin äußere, seien unbegründet. Davon habe er, Sinowjew, sich in den Monaten ihrer Zusammenarbeit überzeugen können. Er sei geradezu beeindruckt von Stalins Bescheidenheit und seinem Willen zur Zusammenarbeit. Anschließend lobte auch Kamenew sein harmonisches Verhältnis zum Generalsekretär und plädierte eindringlich dafür, ihn im Amt zu belassen und Lenins testamentarische Verfügungen nicht öffentlich zu machen.

Trotzki schwieg während der gesamten Sitzung. Ihm stand die Verachtung für dieses Spektakel ins Gesicht geschrieben. Dass Krupskaja dagegen protestierte, den Letzten Willen ihres Mannes zu übergehen und das Testament zu unterschlagen, zeigte keine Wirkung. Als es zur Abstimmung kam, sprachen sich vierzig Delegierte des Zentralkomitees gegen die Veröffentlichung aus, nur zehn stimmten dafür.

Das Ringen um die Veröffentlichung von Lenins Testament war, wie schon angedeutet, die schwerste Prüfung auf Stalins Weg an die Macht. Er hat sie durch taktisches Geschick gemeistert. Mehr noch: Er ging gestärkt aus ihr hervor – indem er dafür gesorgt hatte, seinen ärgsten Konkurrenten auszubooten. So war in den ersten Monaten des Jahres 1924 ein Mann zu einer zentralen Figur innerhalb der Führung der Bolschewistischen Partei geworden, dem dies noch wenige Jahre zuvor niemand zugetraut hatte.

DER REVOLUTIONÄR

Für einen Revolutionär war Stalin eine eher untypische Gestalt. Er war klein, fast schmächtig mit einer Körpergröße von nur einem Meter zweiundsechzig, sein linker Arm war verkrüppelt. Wegen dieser Behinderung ist er nie in die Armee eingezogen worden. Sein Gesicht war von Pockennarben überzogen, sein Auftreten alles andere als charismatisch. Er sprach mit georgischem Akzent, seine Reden waren ruhig, trocken, oft tastete er nach Worten. Manchmal wirkte er geradezu unsicher. Aber diese einfache Art zu sprechen war es, die viele Menschen damals für ihn einnahm. Nach dem revolutionären Elan, der noch bis zum Bürgerkrieg geherrscht hatte, wurde sie zu seinem Markenzeichen. Seine Sprache war nicht die eines Apparatschiks oder eines blinden Eiferers, sondern die eines Mannes, der ruhig und sachlich die Menschen zu überzeugen suchte.

Wie kam es, dass der Sohn eines georgischen Schuhmachers zum Revolutionär wurde? Stalins eigene Äußerungen über den Beginn seiner politischen Tätigkeit sind rar – in den wenigen erhaltenen schriftlichen Selbstzeugnissen berichtet er in nüchternem Ton darüber. So gibt er in einem Interview aus den frühen dreißiger Jahren auf die Frage, wie er zum Sozialisten wurde, folgende Antwort: «Der revolutionären Bewegung schloss ich mich im Alter von fünfzehn Jahren an, als ich mit den illegalen Gruppen russischer Marxisten, die damals in Transkaukasien lebten, Verbindung aufgenommen hatte. Diese Gruppen übten großen Einfluss auf mich aus und brachten mir Geschmack an der illegalen marxistischen Literatur bei. Ganz anders war es im griechisch-orthodoxen Priesterseminar, wo ich damals lernte. Aus Protest gegen das schändliche Regime und die jesuitischen Methoden, die im Seminar angewandt wurden, war ich bereit, Revolutionär zu werden …»

Stalin, 1878 als Sohn eines Schuhmachers im georgischen Gori geboren (1922 erklärte er den 21. Dezember 1879 zu seinem offiziellen Geburtsdatum), musste 1899 das Priesterseminar wegen Beteiligung an «revolutionären Aktivitäten», etwa der Organisation von Demonstrationen und Streiks unter dem Decknamen «Koba», verlassen. Ein Jahr zuvor hatte er sich der Sozialdemokratischen Arbeiterpartei SDAPR angeschlossen. Nach der Spaltung der Sozialdemokraten 1903 schlug er sich auf die Seite der Bolschewiki. Noch im selben Jahr nach Sibirien verbannt, entwickelte er nach seiner Flucht von dort ein Jahr darauf im Kaukasus neue Aktivitäten – unter anderem organisierte er bewaffnete Raubüberfälle, um die Revolutionäre mit Geld zu versorgen. So wurde Lenin auf den Georgier aufmerksam.

Nach einer ersten flüchtigen Begegnung im Jahr 1905 trafen sie sich 1912 in Krakau zu längeren Unterredungen. Lenin war von den Fähigkeiten des gerade 33-jährigen Bolschewiken beeindruckt: Stalin überzeugte ihn nicht nur als glänzender Organisator, sondern auch als Kenner des Nationalitätenproblems.

Lenin erteilte ihm den Auftrag, einen Bericht über die Lage der Nationalitäten in Russland zu verfassen. Denn für den Erfolg der bolschewistischen Revolution würde es entscheidend sein, dass es gelang, den Unabhängigkeitswillen der vom Zarenreich unterdrückten nationalen Minderheiten für die revolutionäre Sache zu nutzen. Um nun Lenins Auftrag zu erfüllen, reiste Stalin also in der zweiten Januarhälfte 1913 für vier Wochen nach Wien. Weil er keine deutschen

Texte lesen konnte, fand er dort die Unterstützung Nikolai Bucharins, eines der engsten Mitkämpfer und persönlichen Freunde Lenins, der eine Vielzahl von Sprachen beherrschte.

Im Aufsatz über die nationale und koloniale Frage in Russland, der im Frühjahr 1913 in Wien entstand, umriss Stalin dann die Lösung der Nationalitätenfrage im Gebiet des Russischen Reiches auf der Grundlage des revolutionären Konzepts der Bolschewiki. Lenin war begeistert. Die Weichen für den Aufstieg des jungen Georgiers waren gestellt.

Von der Härte und Unnachgiebigkeit Stalins, die Lenin zehn Jahre später in seinem Testament beklagen sollte, von dessen Unfähigkeit, mit anderen Genossen zusammenzuarbeiten, war in dieser Zeit nichts zu spüren. Noch scheute der Georgier die Konfrontation und war fortwährend darum bemüht, seinem Aufstieg jedwedes Risiko zu nehmen. Dies verlangte auch, dass er sich öffentlich niemals auf eine Position festlegen durfte, die ihm später gefährlich werden konnte.

Zurückhaltung und Vorsicht prägten Stalins Handeln, solange er noch keine Machtstellung besaß. Zwar mag er von jeher einen Zug zur Entschlossenheit, zur Härte und Rechthaberei gehabt haben. Zunächst aber überwog die Fähigkeit, diese Impulse zu unterdrücken, wo es als nötig erschien. Hatten womöglich die Jahre im Priesterseminar dazu beigetragen, dass Stalin seine Affekte unter Kontrolle zu halten wusste? Die Erziehung dort war vor allem durch die rigide Unterdrückung jeglicher individueller oder gar kritischer Meinung geprägt. Als Stalin in späteren Jahren nach seinen dortigen Lehrern gefragt wurde, antwortete er: «Sie besitzen Systematik und Beharrlichkeit beim Verfolgen ihrer schlechten Ziele. Ihre Hauptmethode aber ist Spitzelei, Spionage und Verhöhnung.»

Stalin hatte nicht nur gelernt, seine wirkliche Meinung zu verbergen, sondern auch immer nur dann aus der Deckung zu treten, wenn er eine bestimmte politische Konstellation zu seinen Gunsten nutzen konnte. Betrachtet man Stalins Wirken vom Beginn seiner politischen Tätigkeit in den späten neunziger Jahren bis in die zwanziger Jahre des 20. Jahrhunderts hinein, begegnet man immer wieder diesem Wechsel zwischen vollkommener Zurückhaltung und vereinzelten, kühl kalkulierten Auftritten, die jeweils dem Ausbau seiner Macht dienten.

Trotzki glaubte, Stalin sei «von Natur aus faul»: «Wenn nicht seine persönlichen Interessen direkt im Spiel sind, ist er unfähig, mit Volldampf zu arbeiten. Er zieht es dann vor, seine Pfeife zu rauchen und seine Zeit abzuwarten.» Nikolaj N. Suchanow, einer der wichtigsten Chronisten dieser Periode, hat Stalin als «grauen Fleck» beschrieben, «der gelegentlich auftaucht und dann wieder verschwindet. Mehr», so sein

Fazit, «ist wirklich nicht über ihn zu sagen.» Tatsächlich lebte Stalin zwischen der gescheiterten Revolution 1905 und der Oktoberrevolution 1917 insgesamt sieben Jahre in der Verbannung und konnte den Großteil der revolutionären Entwicklungen nur aus der Ferne zur Kenntnis nehmen. Im Unterschied zu anderen Verbannten, die aufmerksam verfolgten, was da in Moskau vor sich ging, schien er merkwürdig unbeteiligt. Er machte keine Anstalten, in irgendeiner Form an der Revolution mitzuwirken – und sei es nur, wie andere Inhaftierte, Flugblätter in Umlauf zu bringen. Später hat er es allerdings stets geschickt verstanden, seine zögernde Haltung zu verschleiern.

1912 wurde er von der Prager Parteikonferenz ins Zentralkomitee kooptiert, während er als Verbannter in Wologda weilte. Kooption bedeutete, dass er nicht direkt von den Mitgliedern des Zentralkomitees gewählt, sondern von Lenin als zusätzliches Mitglied nominiert wurde. «In Abwesenheit gewählt», hieß es offiziell über seinen Eintritt in die Parteispitze. Tatsächlich war es, wie Trotzki schrieb, ein Eintritt durch die Hintertür.

Stalins Ansehen im Zentralkomitee war gering. Die übrigen Mitglieder, allen voran Trotzki, haben den Georgier anfangs kaum zur Kenntnis genommen. Später hat Trotzki ihn abschätzig als eine Art Organisationsfunktionär behandelt. Damit mag er in gewisser

Weise recht gehabt haben – dass Stalin aber auch der Einzige unter den Mitgliedern des Zentralkomitees war, der über Realitätssinn verfügte, hat Trotzki nicht erkannt.

Unterschätzt und belächelt wurde Stalin von den übrigen Spitzengenossen auch deshalb, weil er außer Russisch keine andere Sprache beherrschte – gerade auf Deutsch wurde unter den Bolschewiki häufig diskutiert – und nicht mit den Kulturen anderer Länder vertraut war. Im Unterschied zu den anderen führenden Bolschewiki fehlte Stalin etwa jedes Verständnis für den Westen und seine Psychologie.

Doch die Überheblichkeit, der Stalin im Zentralkomitee begegnete, hat seinen Ehrgeiz und sein Machtstreben nur noch mehr angespornt. Später ließ er sich gern als Koryphäe der Wissenschaften feiern und mischte sich sogar als Zensor persönlich in die literarische und filmische Produktion ein. Gerade auf Gebieten, auf denen man ihm früh Kompetenz abgesprochen und ihn belächelt hatte, ließ er dann seine Macht besonders zur Geltung kommen.

Bis es so weit war, sollten aber noch viele Jahre vergehen. Jahre, in denen sich Stalin im Hintergrund hielt. Diese Zurückhaltung war gewiss auch Kalkül. Doch Stalin war in seinen Ansichten tatsächlich häufig sehr viel gemäßigter als Lenin und die übrigen Mitglieder des Zentralkomitees.

Im März 1917, wenige Wochen vor Lenins Rückkehr aus dem Exil, traf Stalin aus der Verbannung wieder in Petrograd ein. Bis zur Ankunft Lenins arbeitete er gemeinsam mit Kamenew als Redaktionsleiter der «Prawda». Er plädierte zu jener Zeit dafür, sich mit der Provisorischen Regierung von Alexander Kerenski zu verständigen. Diese gemäßigte Haltung wurde später vertuscht.

Als Lenin schließlich, im April 1917, aus dem Exil zurückkehrte, wurde er in Petrograd begeistert empfangen. Lenin hielt sofort eine Brandrede gegen die Provisorische Regierung und stellte die Bolschewiki als die einzig revolutionäre Opposition heraus. Stalin teilte diese Überzeugung keineswegs. Ihm war Lenin zu radikal. Weil er aber wusste, dass Lenin zu diesem Zeitpunkt die unbestrittene Führungsgestalt der Bolschewiki war, wartete er ab und passte sich an.

Am 23. Oktober 1917 folgte die entscheidende Sitzung des Zentralkomitees, bei der vierzehn bolschewistische Spitzenfunktionäre anwesend waren. Lenin forderte die sofortige Vorbereitung eines bewaffneten Aufstands. Er hatte bereits einen detaillierten Plan ausgearbeitet, den er den Mitgliedern des Zentralkomitees darlegte. Trotzki war sofort auf Lenins Seite. Es kam zur Abstimmung: Zwölf Mitglieder sprachen sich für den Aufstand aus. Nur Sinowjew und Kamenew stimmten dagegen. Lenin war außer sich, dass es Spitzenleute der Partei gab, die seinen Plan ablehnten – auch wenn dies nichts am Ergebnis änderte.

Symptomatisch aber war das Verhalten Stalins in dieser Sitzung. Zwar war für ihn, den Taktierer, ein bewaffneter Aufstand nicht die erstrebte Lösung, doch er scheute die Konfrontation mit Lenin, und so stimmte er dafür. Bemerkenswert ist auch der weitere Verlauf. Sinowjew und Kamenew nämlich, obwohl sie dagegengestimmt hatten, wirkten aktiv an der Planung des Aufstands mit. Nicht so Stalin. Als es um die konkreten Maßnahmen ging, war er plötzlich abgetaucht. Die Vorbereitung des Aufstands von 1917, die Erstürmung des Winterpalastes, überhaupt die gewaltsamen Ereignisse der Oktoberrevolution – all dies geschah ohne seine direkte Mitwirkung. War ihm die Gefahr, dass ein bewaffneter Aufstand scheitern könnte, zu groß? So wie er stets darauf bedacht war, das Risiko seines Handelns möglichst geringzuhalten, um seinen Aufstieg nicht in Gefahr zu bringen, so scheute er auch hier, Farbe zu bekennen.

Er, der sich später zum großen Helden der Revolution stilisieren sollte, war in der entscheidenden Phase des bolschewistischen Aufstandes schlicht abwesend. Kein Zufall, dass später umso mehr Filme produziert wurden, die Stalins Leistungen und Taten während der Oktoberrevolution feierten.

Nach der Revolution jedoch, auf dem 2. Sowjetkongress 1917, tauchte Stalin plötzlich wieder auf. Lenin gab die neue Regierung bekannt, die damals noch
«Rat der Volkskommissare» hieß. Sechzehn Kommissare wurden ernannt, an letzter Stelle der Volkskommissar für Nationalitäten Dschugaschwili – Stalin.

STALIN IM BÜRGERKRIEG

Es war, wie erwähnt, vor allem der Bürgerkrieg, der es
Stalin ermöglichte, seinen Einfluss und seine Autorität
zu festigen. Schon 1918 befanden sich die Bolschewiki
in einer fast hoffnungslosen Situation. Vom Territo-
rium des damaligen Russlands kontrollierten sie gerade ein Achtel: das zentrale Gebiet um Petrograd und
Moskau und ein paar Streifen entlang der Wolga bis
zum Schwarzen Meer. Die übrigen Gebiete waren in
den Händen unterschiedlicher antibolschewistischer
Kräfte.

In dieser Lage entschied Lenin, an den strategischen Punkten des Territoriums, das noch unter
bolschewistischer Kontrolle war, vertrauenswürdige
Bolschewiki einzusetzen, um diese Städte und Gebiete auf jeden Fall zu halten. Einer dieser strategischen
Punkte war Zarizyn an der Wolga. Später wurde diese
Stadt in Stalingrad umbenannt, heute trägt sie den

Namen Wolgograd. Hierhin wurde Stalin geschickt, allerdings nicht als Militär, sondern zunächst als politischer Kommissar – als bolschewistischer Funktionär mit politischen Vollmachten.

Es war der Moment, in dem Stalin zum ersten Mal von Lenin militärische Befugnisse einforderte, ohne die er, wie er erklärte, nicht handlungsfähig sei. Obwohl Lenin skeptisch war, erteilte er Stalin die gewünschten Vollmachten. Der Erfolg gab ihm recht: Zarizyn wurde gehalten.

Stalin war nicht nur militärisch erfolgreich und stärkte dadurch die eigene Position. Er nutzte die Gelegenheit auch, um auf angebliches Versagen des Volkskommissars für das Kriegswesen – Trotzki – hinzuweisen. Durch ihn sei die Lage der Bolschewisten im Bürgerkrieg erheblich geschwächt worden.

Auch wenn Stalin seinen Erzrivalen auf diese Weise schon attackieren konnte, erfolgte die eigentliche Auseinandersetzung nicht auf militärischem Terrain. Es waren vielmehr die Zielsetzungen der Revolution, mit denen sich Stalin als Gegenspieler von Trotzki etablierte und nach Lenins Tod schließlich entscheidend von ihm absetzen konnte.

Was Stalin schon mit seiner Totenrede auf Lenin im Januar 1924 unter Beweis gestellt hatte, sollte ihm auch in dieser Hinsicht zum Erfolgsrezept werden: dass er nicht nur pragmatisch mit heiklen Situationen umgehen konnte, sondern auch wusste, was das Volk hören wollte.

Trotzki argumentierte mit Begriffen, die abstrakt waren und deren Bedeutung außer ihm selbst nur wenige verstanden. Die «permanente Revolution» gehörte dazu. Ob die Bevölkerung damit etwas anfangen konnte, ob sie nach der Zeit revolutionärer Umbrüche, nach Bürgerkrieg und Jahren des Elends zermürbt war und endlich nach einer konkreten, raschen Perspektive begehrte, interessierte Trotzki wenig.

Ganz anders Stalin. Schon 1924 äußerte er die Überzeugung, der «Sozialismus in einem Land» sei möglich, nicht aber dessen Verwirklichung in unabsehbarer Zeit für die ganze Welt. Neben der Totenrede auf Lenin war dies der entscheidende Schritt, der Stalins politischen Erfolg begründete. Die Formel vom «Sozialismus in einem Land» war sogar noch bedeutender, weil Stalin damit ein politisches Programm präsentierte, das die Massen nachhaltig für ihn einnehmen konnte.

Spätestens im Jahr 1924 war die Idee der Weltrevolution tot. Stalin erkannte, dass sich im eigenen Land die revolutionäre Begeisterung der ersten Jahre immer mehr in Apathie verwandelt hatte. Und ebenfalls erkannte er, dass es nur durch ein populäres politisches Programm möglich war, der Erschlaffung entgegenzuwirken. Wichtiger noch: Stalin traute sich auch, diese Erkenntnis auszusprechen. Für die anderen bolschewistischen Führer wäre eine solche Anpassung an äußere Verhältnisse nur schwer denkbar gewesen. Ideologie war für sie kein Herrschaftsinstrument, das man nach Belieben der jeweiligen Lage anpassen konnte. Im bolschewistischen Verständnis war Ideologie Wissenschaft, die auf festen Grundsätzen und den aus ihnen sich ergebenden theoretischen Schlussfolgerungen ruhte. Überzeugte Bolschewiki wie Trotzki waren deshalb durch äußere Verhältnisse oder Stimmungen nicht korrumpierbar. Für Stalin hingegen war, was er im Namen der Ideologie verkündete, Mittel zum Zweck. Und dieser Zweck bestand im Ausbau der eigenen Macht.

Stalins These vom «Sozialismus in einem Land» hatte den entscheidenden Vorzug, dass sie im Gegensatz zu Trotzkis diffuser Theorie von der «permanenten Revolution» nicht nur eine verständliche Zielsetzung formulierte, sondern vor allem auch eine, die sich in naher Zukunft verwirklichen ließ.

Stalins These gab im Kontrast zu Trotzkis unklaren, radikal klingenden, aber zunehmend als realitätsfern empfundenen Ideen einer permanenten Revolution der Bevölkerung eine konkrete Aussicht, in Sowjetrussland ein sozialistisches System zu errichten. Trotzki als Verfechter der Idee der Weltrevolution erschien immer mehr Menschen als Utopist, als radikaler Phantast, der nicht in der Lage war, dem Volk die Vorstellung zu vermitteln, es könne seine reale Lebenssituation in absehbarer Zeit verbessern.

Zunächst hatte Stalin seine These vom «Sozialismus in einem Land» noch recht zurückhaltend formuliert. Schon wenige Monate später sollte sich das ändern. Im Juni 1925 erklärte Stalin apodiktisch, die Sowjetunion habe «alles, was notwendig ist, um die vollendete sozialistische Gesellschaft zu errichten». Die Arbeiterklasse – womit Stalin die Partei meinte – könne ihre «Macht zur Errichtung der vollendeten sozialistischen Gesellschaft in unserem Lande ausnutzen (...) ohne vorhergehenden Sieg der proletarischen Revolution in anderen Ländern».

Ende 1926 fühlte Stalin sich schon stark genug, offen zu erklären, dass die «alte Formel von Engels» (Marx erwähnte Stalin nicht) «bereits nicht mehr richtig» sei, und weiter: «Ohne die Gewissheit, dass der Sozialismus errichtet wird, kann es keinen Willen zum Aufbau des Sozialismus geben.»

Während es bis dahin unter Kommunisten als selbstverständlich galt, dass die Errichtung der sozialistischen Gesellschaft in der Sowjetunion nur nach erfolgreichen Revolutionen in den wichtigsten Industrieländern möglich war, zog Stalin aus der ungleichmäßigen Entwicklung des Kapitalismus einen ganz anderen Schluss: «Infolgedessen ist der Sieg des

Sozialismus in *einem* Lande, selbst wenn dieses Land kapitalistisch weniger entwickelt ist, bei Fortbestehen des Kapitalismus in den anderen Ländern, selbst wenn diese Länder kapitalistisch entwickelter sind, durchaus möglich und wahrscheinlich.» Zum vollständigen Sieg des Sozialismus seien, so Stalin, «die gemeinsamen Anstrengungen der Proletarier mehrerer Länder notwendig».

Mit diesen wenigen Erklärungen Stalins begann die Abkehr vom revolutionären Internationalismus Lenins. An dessen Stelle trat immer deutlicher die Konzentration auf die innersowjetische Entwicklung. Stalins neue Doktrin vom «Sozialismus in einem Land» stand zwar im diametralen Gegensatz zum Leninismus, entsprach jedoch völlig dem regional und national begrenzten Denken der praktisch tätigen Parteifunktionäre, auf die sich Stalin stützte.

Sie hatten jetzt eine Aufgabe: den Aufbau des Sozialismus. Es war der erste bedeutsame Schritt des Übergangs von einer Revolutionslehre zu einer Doktrin der Industrialisierung. Damit begann eine ganze Reihe von Veränderungen, mit denen Stalin die Ideologie von Marx und Engels nachhaltig von ihren ursprünglichen Inhalten entfernen sollte.

Aber nicht nur inhaltlich, sondern auch in der Form war dieser Schritt von Bedeutung. Erstmals wurde eine Doktrin nicht mehr ideologisch, theoretisch oder historisch begründet, sondern von Stalin einfach apodiktisch bekanntgegeben – eine Methode, die für den Stalinismus typisch werden sollte.

DIE AUSSCHALTUNG TROTZKIS

Nachdem Stalin durch seine These vom «Sozialismus in einem Land» seine Position erheblich hatte stärken können, konnte er sich nun darauf konzentrieren, seine Konkurrenten im Zentralkomitee, allen voran Trotzki, zu entmachten.

Im Januar 1925 bewegte er Trotzki dazu, seine Demission als Kriegskommissar einzureichen, auf dem 14. Parteikongress im selben Jahr prallten die Gegensätze zwischen beiden noch einmal scharf aufeinander. Im Herbst 1926 gelang es Stalin dann, Trotzkis Ausschluss aus dem Politbüro zu bewirken. Ein Jahr später erfolgte Trotzkis Relegation aus der Partei und seine Verbannung nach Alma Ata, der damaligen Hauptstadt Kasachstans. Im Januar 1929 wurde Trotzki schließlich aus der Sowjetunion ausgewiesen. Stalin hatte seinen Widersacher endgültig isoliert.

Trotzki, der zunächst in der Türkei Asyl erhalten hatte, aber politisch nicht handlungsfähig war, blieb nichts anderes übrig, als sich an die Weltöffentlichkeit zu wenden. Dabei übte er eine immer deutlichere und zum großen Teil berechtigte Kritik an Stalins Regime und den Zuständen in der Sowjetunion.

Doch zunehmend fühlten sich selbst manche seiner kommunistischen Anhänger vor den Kopf gestoßen, weil sie Trotzkis Kritik an den sowjetischen Zuständen als gefährliches Bündnis mit den Kapitalisten betrachteten. Mit der Ausweisung Trotzkis hatte Stalin zugleich verhindert, dass dieser beim Volk zum Märtyrer werden konnte.

Trotzki konnte nur für kurze Zeit in der Türkei bleiben, vorübergehend lebte er anschließend in Norwegen. Durch sowjetischen Druck aber musste er auch Norwegen verlassen und reiste nach Mexiko. Lazaro Cardenas, der progressive mexikanische Präsident, gewährte Trotzki nicht nur Asyl, sondern unternahm alles, um ihm die Möglichkeit zu weiterer publizistischer und politischer Tätigkeit zu eröffnen. Aber auch er konnte nicht verhindern, dass es im August 1940 einem sowjetischen Agenten gelingen sollte, Trotzki zu ermorden.

Neben der Ausschaltung Trotzkis verstand es Stalin zugleich, durch geschickte Manipulationen seine eigene Macht in Politbüro und Zentralkomitee zu stärken. 1926/27 beendete er die Koalition mit Sinowjew und Kamenew und stützte sich fortan auf einige der neuaufgenommenen Mitglieder wie Kliment Woroschilow, Wjatscheslaw Molotow und Michail Kalinin, auf deren Gefolgschaft er rechnen konnte. Sie sollten in der Folgezeit den engsten Kreis seiner Vertrauten bilden.

DER DIKTATOR

Dass es Stalin endgültig gelungen war, seine Alleinherrschaft zu zementieren, lässt sich an einem Datum
ablesen: dem 21. Dezember 1929. Es war Stalins fünf-
zigster Geburtstag.

Etwas mehr als fünf Jahre waren seit Lenins Tod
vergangen. An diesem 21. Dezember druckten alle
Zeitungen riesige Fotos von Stalin. Die «Prawda» erschien in einer Sonderauflage, und sämtliche Politbüromitglieder lobpreisten Stalin in eigenen Beiträgen.
Bis zu diesem Tag hatte niemand je dem Geburtstag
eines bolschewistischen Führers besondere Beachtung geschenkt. Dass Stalins Ehrentag nun öffentlich
gefeiert wurde, war ein untrügliches Zeichen dafür,
dass er auf dem Gipfel seiner Macht angekommen
war.

Mit der Inszenierung seines fünfzigsten Geburts-
tags präsentierte sich Stalin nicht nur nach innen,
sondern auch nach außen als alleiniger Führer der
Sowjetunion. Von nun an war er bald überall zu sehen.
Statuen wurden aufgestellt. Plakate, auf denen neben
seinem Konterfei auch seine Aussprüche abgedruckt

waren, hingen in öffentlichen Gebäuden und an Häuserwänden. Flugzeuge wurden auf seinen Namen getauft. Der Stalin-Kult nahm seinen Anfang.

Lenin hatte in seinem Testament noch die kollektive Führung als Herrschaftsprinzip empfohlen – und die bolschewistische Parteispitze hatte sie für einige Zeit praktiziert. Doch innerhalb von fünf Jahren hatte Stalin dieses Prinzip sukzessive durch die uneingeschränkte Herrschaft eines Einzelnen ersetzt. Hatte Lenin sich verpflichtet gefühlt, auf Gegenrede einzugehen – auch wenn seit dem 10. Parteitag 1921 oppositionelle Strömungen in der Partei offiziell nicht mehr geduldet waren –, galt unter Stalin jeder Widerspruch als zwecklos.

Debatten im Politbüro hatten fortan zur Regel, dass Stalin schweigend anhörte, was die Redner zu sagen hatten. Dann bekundete er entweder seine Zustimmung oder eine abweichende Meinung. In jedem Fall behielt er das letzte Wort, Diskussionen hatten allenfalls noch Alibi-Funktion. Spätestens seit 1929 wagte es niemand mehr, Stalin zu widersprechen. Denn die Konsequenzen waren jedem bewusst. So waren der gesamte Staatsapparat und die Partei zum Machtinstrument eines Einzelnen degradiert.

Umso mehr war Stalin bemüht, den vermeintlich demokratischen Charakter seiner Herrschaft auf der symbolischen Ebene herauszustellen. Manchmal waren es nur Anekdoten, die Stalin in Umlauf zu bringen wusste und die alle zum Gesamtbild des gütigen Herrschers beitrugen. Chruschtschow ruft in seinen Memoiren eine Episode in Erinnerung, die sich im Jahr 1925 auf dem 14. Parteitag zugetragen haben soll, auf dem die Redefreiheit praktisch schon erheblich beschnitten worden war: Stalin wird gebeten, sich mit der ukrainischen Delegation fotografieren zu lassen. Man trifft sich während einer Tagungspause im Katharinensaal. Als der Fotograf anordnet, wie sich jeder aufzustellen habe und welchen Gesichtsausdruck man präsentieren solle, protestiert Stalin: «Genosse Petrow kommandiert die Leute gerne herum. Das ist hier aber nicht mehr gestattet. Nie wieder wird hier irgendwer andere Leute herumkommandieren.» Eine banale Anekdote – die ihre Propagandawirkung damals nicht verfehlte.

Um seine Alleinherrschaft sichern zu können, hatte Stalin nach Lenins Tod nicht nur strategisch klug und effizient gehandelt. Ebenso geschickt verstand er es, sein Bild in der bolschewistischen Partei und in der Bevölkerung insgesamt zu formen. Nicht lange nach Lenins Tod hatte es eine Sitzung des Politbüros gegeben, in der das Prinzip der kollektiven Führung zur Diskussion stand. Stalin erklärte in dieser Runde, er achte dieses Prinzip, man lebe aber schließlich in Russland, in einem Land also, in dem die einfachen

Menschen mit solchen Begriffen nichts anzufangen wüssten. Sie bräuchten einen Führer, eine Nummer eins, auf den sie ihr Vertrauen richten könnten, man dürfe nicht vergessen, wie das russische Volk denke. Ob noch jemand der Auffassung sei, man solle an diesem abstrakten Begriff der kollektiven Führung festhalten? Niemand meldete sich.

Man darf allerdings nicht übersehen, dass er sich in seinem Machtstreben auf ein berühmtes Vorbild berufen konnte: Lenin selbst. Zwar hatte sich dieser vor seinem Tod – auch aus Furcht vor Stalins Machtzuwachs – ausdrücklich für eine künftige gemeinsame Führung ausgesprochen. Doch schon 1918 hatte er in seinem Aufsatz über «Die nächsten Aufgaben der Sowjetmacht» erklärt, dass «in der Geschichte der revolutionären Bewegungen durch die Diktatur einzelner Personen sehr oft die Diktatur der revolutionären Klassen zum Ausdruck gebracht, getragen, vollstreckt» werden würde.

Um seine Macht weiter auszubauen, beschloss Stalin nun, die herkömmlichen Entscheidungsstrukturen vor allem innerhalb der Bolschewistischen Partei zu verändern oder ganz aufzulösen. So regte er unmittelbar nach dem Tod Lenins das sogenannte Lenin-Aufgebot an: Die Tore der Partei wurden weit geöffnet, und innerhalb weniger Monate strömten ihr zwischen zweihundert- und zweihundertfünfzigtausend neue Mitglieder zu. Genau das hatte Lenin stets verhindern wollen.

Diejenigen, die nun in die Bolschewistische Partei eintraten, waren in der Mehrzahl mit den Grundsätzen des Sozialismus nur wenig vertraut. Auch fehlte ihnen das ideologische Feuer – sie hatten weder am illegalen Kampf gegen den Zarismus noch an der Revolution teilgenommen. Stalin waren sie gerade deshalb willkommen, denn dem Apparat fiel es nicht schwer, sie nach seinen Bedürfnissen zu formen. Als die internen Kämpfe nach Lenins Tod die Partei zu zerreißen drohten, konnte die Parteibürokratie auf diese Weise ihre eigene Position festigen. Die alten Bolschewiki mitsamt ihren Erfahrungen und Überzeugungen waren damit an den Rand gedrängt.

Nach dem Tod Lenins hielten zunächst noch einige seiner engen Vertrauten – Trotzki, Bucharin, Alexei Rykow, Kamenew, Sinowjew und Michail Tomski – ihre führenden Stellungen im Politbüro. Aber die wirkliche Macht wanderte immer mehr in die Hände des Stalin-Sekretariats, das in zunehmendem Maße die örtlichen Parteiorganisationen dirigierte und kontrollierte, die Delegierten für die Parteikongresse auswählte, die Fügsamen förderte, die Ungehorsamen ausschaltete. Zug um Zug wurden die Gegner Stalins und früheren Mitkämpfer Lenins von ihren Positionen entfernt, aus der Partei ausgeschlossen, verbannt oder verhaftet. Im

Mai 1935 ließ Stalin schließlich die «Gesellschaft der alten Bolschewiki» offiziell auflösen.

Spätestens seit Mitte der dreißiger Jahre bestand das Politbüro nur noch nominell. Stalin setzte Dreier-, Fünfer- und Sechserkommissionen ein, die sich mit unterschiedlichen Fragen zu beschäftigen hatten und deren Besetzung ständig wechselte. Auf diese Weise verhinderte er, dass sich das Politbüro geschlossen versammeln konnte. Zudem durften diese Kommissionen nur noch Vorschläge ausarbeiten, besaßen also keinerlei Beschlussrecht mehr. Zum 19. Parteitag 1952 wurde dann der Begriff Politbüro von Stalin endgültig abgeschafft und ein «Parteipräsidium» eingeführt, das aus fünfundzwanzig Mitgliedern bestand, sodass die alte Führungsstruktur auch formell nicht mehr existierte.

Nachdem Stalin die Entscheidungsgremien der Bolschewistischen Partei damit weitgehend entmachtet und sie zu Vollzugsorganen degradiert hatte, nahm er auch innerhalb der Partei als Ganzer inhaltliche und strukturelle Umformungen vor.

DIE «MERKMALE DER PARTEI»

Lenins Konzeption einer Elitepartei, aufgebaut nach einem demokratischen Zentralismus, innerlich fest und einheitlich, mit der Aufgabe, die Arbeiterklasse zu führen, wurde von Stalin nicht nur übernommen, sondern sowohl praktisch als auch ideologisch erheblich verschärft.

Bereits Ende 1924 formulierte Stalin die «sechs Merkmale der Partei», die für drei Jahrzehnte im Zentrum der politischen Doktrin des Kommunismus stehen sollten. Nach dieser neuen Lehre war die Partei die «höchste Form der Klassenorganisation des Proletariats» – denn sie bestimmte die politische Linie aller anderen Organisationen, darunter Gewerkschaften, Genossenschaften und Betriebsorganisationen.

Die Partei sollte nach Stalins Vorstellung die «lenkende Kraft», die übrigen Organisationen dagegen «Hebel» und «Transmissionen» sein. Diese Konzeption war nicht nur politisch bedeutungsvoll, sondern reflektierte auch den sich nunmehr einbürgernden Stil. Stalin beschrieb seine Idee wie folgt: «Was sind das für ‹Transmissionen› und ‹Hebel› im System der Diktatur des Proletariats? Was ist das für eine ‹lenkende Kraft›? Wozu braucht man sie? Die Hebel oder Transmissionen – das sind jene Massenorganisationen des Proletariats, ohne deren Hilfe die Verwirklichung der Diktatur unmöglich ist. Die lenkende Kraft – das ist die fortgeschrittenste Abteilung des Proletariats, seine Avantgarde.»

Stalin erklärte, die Partei sei nicht nur notwendig

für die sozialistische Revolution, sondern müsse auch nach der Errichtung der Diktatur des Proletariats gefestigt und ausgebaut werden. So sei die Partei «eine mit der Existenz von Fraktionen unvereinbare Einheit des Willens», charakterisiert durch die «völlige und unbedingte Einheit des Handelns aller Parteimitglieder». Dies schloss jegliche «Fraktionsmacherei» aus.

Daher konnte die Partei Stalin zufolge nur dadurch gestärkt werden, «dass sie sich von opportunistischen Elementen säubert». In die Partei, so erläuterte er, strömten ständig Elemente der Bauernschaft, des Kleinbürgertums und der Intelligenz ein, die «den Geist des Schwankens und des Opportunismus, den Geist der Zersetzung und der Unsicherheit» hineintrügen. Sie müsse darum alles tun, «um sich rechtzeitig von dem Unrat des Opportunismus zu reinigen».

Damit stellte Stalin, viel weitgehender als Lenin, die führende Rolle der Partei im Sowjetstaat heraus: Die Losungen der sowjetischen Partei seien «keine einfachen Agitationslosungen», sondern «haben die Kraft praktischer Beschlüsse, die Kraft von Gesetzen, die man sogleich durchführen muss». Jedes Parteimitglied hatte sich den Beschlüssen der Führung bedingungslos zu unterwerfen.

SÄUBERUNGEN UND SELBSTKRITIK

Regelmäßige Parteireinigungen bezeichnete Stalin als «notwendige Vorbedingungen», um «der Partei selbst die nötige Schärfe» zu verleihen. Die Partei sollte nicht nur gegen Abweichungen kämpfen, sondern auch gegen das «Versöhnlertum», das ebenjene Abweichungen zu tolerieren suchte.

Sowohl in der Praxis als auch in der politischen Doktrin wurde zudem die «Selbstkritik» eingeführt. Stalin definierte sie als eine «bolschewistische Methode zur Erziehung der Parteikader» und «nicht wegzudenkende und ständig wirkende Waffe in der Rüstkammer des Bolschewismus».

Das Ziel der Selbstkritik sei die «Ausmerzung» von Fehlern und Schwächen in der Partei, um «den Parteigeist zu pflegen» und «die Sowjetmacht zu festigen». Später fügte Stalin hinzu, dass es ohne Selbstkritik unmöglich sei, «den Aufbau des Sozialismus vorwärtszubringen und die Schädlingsarbeit der Bourgeoisie zu durchkreuzen». Anfang 1934 erklärte er, eine Abweichung, gegen die man zu kämpfen aufhöre, könne zu einer «staatsgefährdenden Erscheinung» werden. Damit wurden politische Ansichten, die von der Generallinie der Partei abwichen, de facto zu Verbrechen gegen den Staat erklärt.

Unter diesen Bedingungen wurde die Wachsamkeit nicht nur ein Bestandteil des Parteilebens, sondern auch in die Parteidoktrin eingeführt: «Man darf also die Partei nicht einlullen, sondern muss in ihr die Wachsamkeit entwickeln, darf sie nicht einschläfern, sondern muss sie im Zustand der Kampfbereitschaft halten, darf sie nicht entwaffnen, sondern muss sie bewaffnen, darf sie nicht demobilisieren, sondern muss sie im Zustand der Mobilisierung ... halten.»

Hatte Stalin das Gefüge von Gesellschaft und Partei in die Metapher der Maschine gekleidet, also eines riesigen Apparats, bei dem jedes Teilchen seine Funktion zu erfüllen hat, dann war es – wie in der Totenrede auf Lenin – immer wieder das Bild der Armee, das Stalin gebrauchte. Und genauso wie in der Armee wurden in der Bolschewistischen Partei unter Stalin diejenigen hart bestraft, die sich den Befehlen des Heerführers widersetzten.

In den Schauprozessen der dreißiger Jahre sollte Stalin dann eindrücklich vorführen, was jenen widerfuhr, die sich gegen ihn stellten. Wirkungsvoll waren diese Prozesse nicht nur als Abschreckung. Stalin entledigte sich all jener Funktionäre, die neben ihm – unter Lenin – zum Politbüro gehört hatten. Mit Ausnahme von Trotzki, der schon verbannt und in Abwesenheit zum Hauptangeklagten erklärt worden war, schaffte er diejenigen beiseite, die ihm und seiner Herrschaft gefährlich werden konnten. Auf diese Weise schuf er eine bürokratische Diktatur, deren Ziel einzig und allein der Machterhalt war. Stalins Herrschaft fußte nicht auf einer Idee. Seine Idee *war* die bürokratische Diktatur.

Das Aufblähen der Bürokratie war übrigens das genaue Gegenteil dessen, was Marx und Engels gefordert hatten: nämlich das «Absterben des Staates». Um jegliche Bürokratisierung, also die Entstehung einer privilegierten Schicht, zu verhindern, war unter Lenin festgelegt worden, dass die in den Sowjet gewählten Staatsfunktionäre jederzeit von ihren Wählern wieder abberufen werden konnten. Die Mitglieder der jeweiligen Sowjets erhielten eine Bezahlung, die den Arbeitslohn nicht überstieg. Aufgabe der Sowjets war es, allmählich einen Zustand zu schaffen, der es allen werktätigen Menschen möglich machte, abwechselnd die Staatsgeschäfte auszuüben.

Das war im Jahr 1919. Die Entwicklung unter Stalin nahm indes einen genau entgegengesetzten Verlauf. Die Festigung der bürokratischen Herrschaft kann man vor allem daran ablesen, dass die Zahl der zentralen staatlichen Dienststellen beständig größer wurde, insbesondere auf dem Gebiet der Wirtschaftslenkung. Auch wurden die Wirtschafts- und Staatsbürokratie nach und nach hierarchisch gegliedert. Und es bildete sich eine vom Volk getrennte Offizierskaste heraus.

Die erste Sowjetregierung von 1917 bestand aus

zwölf Volkskommissariaten. Auch die Sowjetregierung von 1925 war nicht größer. Ihr gehörten der Vorsitzende der Regierung an, sein Stellvertreter, acht Volkskommissariate, der Vorsitzende des Volkswirtschaftsrates und der Leiter des statistischen Zentralamtes. In den vierziger Jahren jedoch war der Regierungsapparat auf 59 Ministerien angewachsen. Von diesen waren nur zehn nicht mit der Wirtschaftslenkung befasst. Das Wirtschaftsleben war inzwischen bis ins kleinste organisiert, um die vollständige Kontrolle aller Wirtschaftszweige durch die zentrale Staatsmacht zu gewährleisten. Zudem wurde die Bedeutung der Staatsbürokratie seit Anfang der vierziger Jahre auch im Zivilbereich durch Dienstgrade, Rangabzeichen und Uniformen besonders betont. Eines der ersten Dekrete nach der Oktoberrevolution hatte alle Rangabzeichen abgeschafft. Stalin führte bald mehr Dienstränge ein, als es sie unter dem Zaren gegeben hatte.

Nicht nur durch die Rangabzeichen, sondern auch durch Abstufungen in der Bezahlung erhielt der bürokratische Apparat eine Struktur, die vielen Genossen den Aufstieg ermöglichte. Stalin schuf ein System, das das Prinzip Ehrgeiz und ein elitäres Bewusstsein förderte und auf diese Weise zu seiner eigenen Stabilisierung beitrug.

Je mehr sich die bürokratische Kaste etablierte, desto mehr wurden Wirtschaft und Politik zur Geheimsache. Die Bevölkerung über wirtschaftliche und politische Ereignisse zu informieren, ist eine wesentliche Voraussetzung dafür, dass sie aktiv am politischen Leben teilhaben kann. In seiner ersten Rede nach der Revolution am 8. November 1917 hatte Lenin erklärt: «Wir wollen keine Geheimnisse, wir wollen, dass die Regierung stets unter der Kontrolle der öffentlichen Meinung ihres Landes steht.»

In den ersten Jahren wurde dieser Vorsatz von der Führung entsprechend beherzigt. Auf Veranlassung Lenins fand im Juni 1918 ein Kongress zur Neuorganisation der Statistik statt. Es wurde eine zentrale Verwaltungsstelle eingerichtet, die die Bevölkerung regelmäßig informieren sollte, zum Beispiel über die Entwicklung von bestimmten Industriezweigen und -berufen, über die Zahl der gewerblichen Betriebe in den Städten und der landwirtschaftlichen Betriebe, über Anbauflächen oder Ernteerträge.

Mit Beginn des ersten Fünfjahresplans 1928 wurden solche statistischen Angaben immer mehr zurückgehalten. Man ging zu Prozentziffern über, die kaum ein klares Bild vermittelten. Und von 1936 bis 1938 fand, ähnlich wie in der Bolschewistischen Partei, in Gewerkschaften und Armee, eine große «Säuberung aller Statistiker» statt. Ihnen wurde vorgeworfen, bei der Volkszählung vom Januar 1937 «Schädlingsarbeit» geleistet zu haben.

Seit 1931 gab es keine offiziellen Angaben über die Zahl von Geburten und Todesfällen mehr. Gleichzeitig stellte man die Bekanntgabe von Lohnsummen und Lohnunterschieden ein. Im Jahr darauf wurden keine Zahlen über den Reallohn der Industriearbeiter und den Lebenshaltungsindex mehr veröffentlicht, seit 1936 fehlten jegliche Angaben über die Anzahl der errichteten Wohnungen. Von 1938 an wurde auch die durchschnittliche Dauer des Arbeitstages in der Industrie zur Geheimsache. Durch die Verordnung vom 9. Juli 1947 schließlich war jegliche Verbreitung von Statistiken nicht nur militärischer Natur, sondern auch wirtschaftlichen und wissenschaftlichen Charakters mit schweren Strafen belegt. Die fundamentalsten Angaben über wirtschaftliche und soziale Vorgänge waren praktisch zum Staatsgeheimnis erklärt worden.

ZENTRALISIERUNG

Indem Stalin den bürokratischen Apparat kontinuierlich ausbaute, perfektionierte er zusehends die Staatsmaschinerie, die er selbst im Bild von Transmissionen und Hebeln anschaulich gemacht hatte. Unterdrückung und Terror wurden zu einem untrennbaren Bestandteil des Systems.

Während des ersten Fünfjahresplanes (1928–1933)

wurde das Fundament für die industrielle Macht der Sowjetunion gelegt. Vor allem aber wandelte sich das soziale und politische System dramatisch. Die Rechte der Arbeiter wurden beschnitten, die Gewerkschaften völlig ausgeschaltet, die Bauern im Zuge der Zwangskollektivierung in Kolchosen gepresst. Durch die immer stärkere Differenzierung der Löhne und Gehälter wurden gleichzeitig die sozialen Privilegien der herrschenden Bürokratie vergrößert. Da mit dem Aufbau neuer Werke und Betriebe keineswegs der Einfluss der Arbeiter und Angestellten gestärkt, sondern, im Gegenteil, ihr Mitspracherecht sogar abgeschafft wurde, bedeutete das Anwachsen des sowjetischen Wirtschaftspotenzials zugleich den Machtgewinn der neuen herrschenden Schicht.

Mit der Zentralisierung der gesamten Volkswirtschaft vollzog sich auch der Übergang von der kollektiven Betriebsleitung durch die Arbeiter zur alleinigen Leitung durch einen Betriebsleiter. Dabei führte die Frage, wer die Betriebe leiten sollte, zu heftigen Debatten auch innerhalb der Bolschewistischen Partei.

Die Diskussionen hatten schon Ende 1919 begonnen. Als Lenin Anfang 1920 das Prinzip der individuellen Betriebsleitung oder, wie es manchmal schon damals genannt wurde, der «alleinigen Befehlsgewalt» verteidigte, stellte sich die gesamte russische Fraktion innerhalb des allrussischen Zentralrates der Gewerkschaft dagegen. Im März 1920 war nach langen weiteren Debatten der Übergang zur individuellen Leitung mit Mehrheit beschlossen worden. Lenin war überzeugt, dass «die unbedingte Unterordnung unter einen einzigen Willen» für die weitere Entwicklung in der Wirtschaft eine «absolute Notwendigkeit» sei.

Weil die Volkswirtschaft zentralisiert und die kollegiale Betriebsleitung durch die individuelle Befehlsgewalt ersetzt wurde, war es für Stalin ein Leichtes, in den folgenden Jahren die Produktion ganz und gar unter das Diktat seines bürokratischen Apparats zu stellen.

Die immensen Lohn- und Einkommensunterschiede, die Stalin einführte, schufen die Grundlage dafür, dass sich die Mitglieder des Apparats als neue privilegierte Schicht etablierten. Große Lohnunterschiede gab es bald auch innerhalb der Arbeiterschaft.

Im Jahr 1928 – also vor Stalins berühmter Rede gegen die «Gleichmacherei» – betrug das Verhältnis zwischen dem Arbeitslohn der niedrigsten und der höchsten Kategorie 1:2,8. Im Jahr 1938 dagegen war der Spitzenlohn eines Arbeiters auf 3549 Rubel monatlich angestiegen. Der offizielle monatliche Durchschnittslohn belief sich auf 280 Rubel – der Spitzenlohn lag also fast dreizehnmal höher. Nur zwei Jahre später war der Spitzenlohn mit 10 600 Rubel über dreißigmal so hoch wie der Durchschnittslohn.

Die tatsächlichen Unterschiede in der Lebenshaltung einer kleinen privilegierten Schicht von Arbeitern und der großen Masse der Durchschnittsarbeiter waren jedoch noch größer. Die privilegierten Arbeiterkategorien erhielten neben den höheren Löhnen nämlich noch eine Reihe zusätzlicher Vergünstigungen, etwa besondere Verpflegung und Bekleidung, begehrte Erholungsmöglichkeiten oder häufige Befreiung von der praktischen Arbeit durch Feiern und Kongresse.

Diese Maßnahmen hatten zweifelsohne allein den Zweck, eine Art «Arbeiteraristokratie» herauszubilden. Stalin operierte also innerhalb der Arbeiterschaft mit ähnlichen Prinzipien wie in der Parteiführung. Während er den Betroffenen faktisch alle Selbständigkeit entzog, schuf er zugleich Strukturen, die es den Mitgliedern des Politbüros genauso wie den Arbeitern kaum noch ermöglichten, gemeinsame Interessen zu vertreten. Im Falle der Arbeiter sorgte er durch die Einführung von Lohnskalen für eine reale Ungleichheit, die Solidarität verhinderte. Stattdessen wurde ein Konkurrenzdenken in Gang gesetzt, und jeder Einzelne trachtete danach, seine Position innerhalb dieses Arbeitssystems zu verbessern. So hatte Stalin auch mit der Abschaffung der «Gleichmacherei» dazu beigetragen, den bürokratischen Apparat zu festigen.

DIE KOLLEKTIVIERUNG DER LANDWIRTSCHAFT

Die brutalste Maßnahme, die Stalin im Namen des «sozialistischen Aufbaus» durchführte, war die Kollektivierung der Landwirtschaft. Sie diente dazu, die Selbständigkeit der Bauernschaft zu beenden und die Staatsbürokratie zu festigen. Deren Ziel wiederum war es, ihre ökonomische und politische Herrschaft auch auf die Landwirtschaft auszudehnen.

Dass es bei der Kollektivierung nicht um «sozialistische Umgestaltung der Landwirtschaft» und die «Befreiung der Bauern von der Ausbeutung durch die Kulaken» ging, wird allein daran deutlich, dass 80 Prozent der als «Kulaken» Enteigneten in Wahrheit selbständige Bauern waren, die keineswegs fremde Arbeiter ausbeuteten.

Tatsächlich hatten alle Veränderungen in Industrie und Landwirtschaft, wie unterschiedlich sie in Tempo und Gestalt auch sein mochten, eines gemeinsam: stets verloren die Produzenten ihren Einfluss auf die Produktion. In der Industrie waren es die Abschaffung der Arbeiterkontrolle, die Ausschaltung der Gewerkschaften und der Übergang zur unumschränkten Herrschaft des staatlich eingesetzten Betriebsdirektors; in der Landwirtschaft die Abschaffung der Selbstverwaltung der Kolchosen, die Bürokratisierung der Kolchose und ihre vollständige Unterordnung unter die Staatsbürokratie – genau jener Prozess, den Marx und Engels als «Trennung der Produzenten von den Produktionsmitteln» und als eines der entscheidenden Merkmale des kapitalistischen Ausbeutungssystems definiert hatten.

Im Frühjahr 1930 war der Höhepunkt der Zwangskollektivierung erreicht, die Stalin mit äußester Härte durchsetzen ließ. Der Widerstand in Teilen der Bauernschaft wurde so groß, dass in der Sowjetunion ein Bauernaufstand drohte. Da erschien ein Artikel Stalins in der «Prawda»: «Vor Erfolgen von Schwindel befallen – über die Übertreibungen der Kollektivierung in der Sowjetunion». Er gehört zu den folgenreichsten Artikeln, die Stalin während seiner Herrschaft verfasst hat.

Stalin erklärte darin zunächst, dass die Kollektivierung gewiss eine gute Sache sei, jede gute Sache könne jedoch auch übertrieben werden. Es gebe mehr und mehr lokale Parteifunktionäre, die die Bauern zwängen, sich den Kollektivwirtschaften anzuschließen. Eine solche Handlungsweise, so Stalin, sei ganz und gar parteifeindlich. Niemand dürfe gezwungen werden, sich kollektivieren zu lassen.

Nach Erscheinen des Artikels brachen tausende Kollektivwirtschaften zusammen. Indem Stalin die Kollektivierungsmaßnahmen als Entscheidungen von untergeordneten Funktionären abtat, gelang es ihm nicht nur, einen Aufstand der Bauernschaft zu verhindern. Er stand auch für lange Zeit als ihr großer Freund und Unterstützer da. Dafür nahm Stalin in Kauf, dass der Prozess der Kollektivierung zeitweise ins Stocken geriet. Nachdem die Lage sich beruhigt hatte, wurde er fortgesetzt, allerdings vorsichtiger als zuvor. Und wenn irgendwo Gewalt angewendet wurde, schien den Menschen jetzt klar zu sein: Es war nicht Stalins Wille, sondern die Willkür der Behörden.

Stalin pflegte eine Methode, die er von da an immer wieder anwenden sollte, um seine Machtstellung zu bewahren: Er distanzierte sich von unliebsamen Entscheidungen und schob anderen die Verantwortung für Exzesse zu.

Mit seinem Artikel zur Kollektivierung zeigte Stalin, dass er die Stimmungen in der Bevölkerung genau einzuschätzen vermochte und ein Bewusstsein dafür entwickelt hatte, wann die Grenzen der Zumutungen erreicht waren. So gelang es ihm, den Unmut der Betroffenen, der sein Herrschaftssystem potenziell gefährden konnte, in andere Bahnen zu lenken.

Daneben steuerte Stalin auch die öffentliche Meinung. Die Anfänge der Zensur lagen unzweifelhaft bereits in der Lenin-Zeit. Unter Stalin wurde die Pressefreiheit nun immer mehr eingeschränkt. 1929, in jenem Jahr, als Stalin seine Alleinherrschaft endgültig hatte etablieren können, waren bereits alle Bereiche der Presse der Parteiführung untergeordnet. Bald wurde nur noch zum öffentlichen Thema, was Stalin gestattet oder selbst initiiert hatte.

Ähnliches galt für den Bereich der Künste und Wissenschaften, den Stalin strengen Richtlinien unterwarf. So verordnete er im Frühjahr 1932 für die Literatur und Kunst den «sozialistischen Realismus»: Nicht nur wurde diktiert, welche Themen in welcher Form verarbeitet werden sollten, es gab sogar detaillierte Festlegungen, unter Einsatz welcher ästhetischer Mittel man bestimmte Wirkungen zu erzielen habe. Dass beispielsweise Trotzkisten in Filmen stets durch eine ganz bestimmte Schattenführung zu erkennen waren, wurde den Sowjetbürgern bald zur Gewohnheit.

Indem Presse wie auch Künste und Wissenschaften seiner direkten Kontrolle unterlagen, hatte Stalin neben der institutionellen Staatsmacht und der Wirtschaft auch all jene Bereiche okkupiert, in denen sich kritisches Denken hätte ausprägen können. Dass er unmittelbar in die Produktion eingriff, etwa Drehbücher für Filme verfasste, zeigt zudem, wie sehr ihm daran lag, seine Macht im intellektuellen Bereich zur Geltung zu bringen. «Im Kreml brennt noch Licht» lautete jenes geflügelte Wort, das bald kursierte und den Mythos eines Staatslenkers schuf, der nicht nur ein großer Denker war, sondern unermüdlich und bis zur Erschöpfung an der Verbesserung der sozialistischen

Gesellschaft arbeitete. So weit die Legende – tatsächlich arbeitete Stalin zwar bevorzugt nachts, schlief dafür allerdings oft bis zum Mittag.

Während Stalin innenpolitisch seine Macht durch kluge Taktik und eine geschickte Steuerung der öffentlichen Meinung ausbauen konnte, trug zu seinem Erfolg noch etwas anderes bei: Außenpolitisch befand er sich zunächst in einer günstigen Lage. Zwar nahm das Ausland seine Herrschaft in den zwanziger und beginnenden dreißiger Jahren durchaus kritisch zur Kenntnis. Doch im Verständnis der westlichen Welt bildete der Aufstieg Hitlers und der faschistischen Diktatur die weitaus größere Bedrohung in diesen Jahren. Manche betrachteten Stalin sogar als Verbündeten gegen den Nationalsozialismus. So kam es, dass viele Menschen in den westlichen Demokratien in dieser Zeit Verständnis und sogar Sympathie für Stalin und seine Herrschaft aufbrachten.

Lenin hatte vieles, was unter Stalin geschah, vorausgesehen. Sein politisches Testament, seine Warnungen vor der Machtgier des Georgiers und sein Plädoyer für eine Kollektivherrschaft zeigten indes keine Wirkung mehr.

Schon im März 1922 hatte Lenin auf die Gefahren eines möglichen Zwists zwischen den Mitgliedern der alten Parteigarde hingewiesen: «Es genügt ein geringer innerer Kampf in dieser Schicht, und ihre Autorität wird (...) so weit geschwächt sein, dass die Entscheidung schon nicht mehr von ihnen abhängen wird.» Die Entwicklung nach dem Tode Lenins hat diese Befürchtung leider bestätigt. Unter Stalin hatte die Bedeutung des Apparats ständig zugenommen. Schritt für Schritt war die freie Diskussion innerhalb der Partei eingeschränkt worden. Jede kritische Regung drohte als «Parteiverrat» gebrandmarkt zu werden. Stalin hatte all jene Kommunisten entfernen lassen, die sich den neuen bürokratischen Kräften entgegenstellten.

Dieser Prozess ging nicht über Nacht vonstatten. Er begann nach Lenins Tod und war im Wesentlichen Ende der dreißiger Jahre beendet. Und er war gekennzeichnet durch die planmäßige Ausschaltung – später sogar physische Liquidierung – der Revolutionäre von 1917, der Mitkämpfer Lenins und aktiven Teilnehmer des Bürgerkriegs.

Stalin war es gelungen, alle führenden Positionen mit professionellen Bürokraten aus dem Staatsapparat, der Wirtschaftsleitung und der Armee zu besetzen. Aus der ursprünglichen revolutionären Arbeiterpartei war ein Werkzeug der herrschenden Bürokratie geworden. Ihre einzige Aufgabe bestand darin, das bürokratische System und damit Stalins Macht in der Sowjetunion zu festigen.

Auch diese Entwicklung hatte Lenin befürchtet.

Schon Ende 1920 hatte er darauf hingewiesen, dass die Sowjetrepublik ein «Arbeiterstaat mit bürokratischen Auswüchsen» sei. Im Januar 1921 erklärte Lenin, man habe gegen den Bürokratismus «noch lange Jahre zu kämpfen». Kurz darauf sprach er von «bürokratischem Krebsschaden» und klagte darüber, dass «der bürokratische Apparat so riesengroß» und der «Kontakt mit den wirklichen Arbeitermassen» zu gering sei.

So hat Stalin mit der Errichtung der bürokratischen Diktatur die schlimmsten Befürchtungen Lenins weit übertroffen. Beginnend mit dem «Lenin-Aufgebot», durch das er die von Lenin etablierten festen Strukturen einer bolschewistischen Elitepartei aufweichte, schuf er innerhalb weniger Jahre einen bürokratischen Apparat, dem etwa zwanzig Millionen Menschen angehörten: jeder zehnte Sowjetbürger.

DER IDEOLOGE

Am 7. März 1936 gewährte Stalin dem amerikanischen Zeitungsverleger Roy Howard ein Interview. Wie es denn mit den Plänen und Absichten in Bezug auf die Weltrevolution stehe, hob Howard an. «Solche Pläne und Absichten», entgegnete Stalin, «haben wir nie gehabt.»

Howard wollte widersprechen, aber der Diktator unterbrach ihn: «Das sind die Folgen eines Missverständnisses.»

«Eines tragischen Missverständnisses?», fragte Howard.

«Nein, eines komischen oder, wenn Sie wollen, eines tragikomischen», erwiderte Stalin.

Ich habe dieses Interview, das in allen sowjetischen Zeitungen veröffentlicht wurde, als Vierzehnjähriger in Moskau gelesen. Kaum ein Jahr lebte ich in der Sowjetunion. Nun konnte ich verfolgen, wie ein Ziel, das ich als unerschütterlichen Bestandteil der bolschewistischen Ideologie kennengelernt hatte, plötzlich nichts mehr zählte. Es galt fortan als «trotzkistisch», was damals das Schlimmste war, das man über eine

Haltung oder eine Person sagen konnte. Stalins Autorität war zu diesem Zeitpunkt schon so unantastbar, dass er die ursprünglichen Ziele der Bolschewiki ohne Weiteres verleugnen konnte. Niemand hätte gewagt, dagegen zu protestieren.

Immerhin waren der Internationalismus und mit ihm die Weltrevolution wesentliche Prinzipien der Revolutionsidee von Marx und Engels gewesen. Doch schon mit seiner Doktrin vom «Sozialismus in einem Land» hatte sich Stalin davon gelöst. Auch andere Grundsätze von Marx und Engels wurden unter Stalin entscheidend verändert, zuweilen gar in ihr Gegenteil verkehrt. Was während der Stalin-Ära in der Sowjetunion geschah, hatte insofern kaum noch etwas mit den ursprünglichen Ideen des Sozialismus gemein.

Für Lenin bedeutete die Weltrevolution das Zusammenfließen revolutionärer Bewegungen in den Industriestaaten Europas mit den nationalen Befreiungsbewegungen der kolonialen und abhängigen Länder. Stalin verkündete nun seine Doktrin von den «zwei Zentren» und dem «Kampf zweier Systeme». Danach sollten «im Verlauf der Entwicklung der Weltrevolution» zwei Zentren entstehen, und zwar eines des Imperialismus, das die kapitalistischen Länder um sich gruppiert, und eines des Sozialismus, das aus den Sowjetrepubliken besteht, «wobei der Kampf zwischen diesen beiden Systemen die Geschichte der Entfaltung der Weltrevolution ausfüllen wird».

Stalin zufolge hing die Entwicklung hin zur Weltrevolution nicht mehr – wie noch bei Lenin – von den revolutionären Bewegungen in den verschiedenen Ländern der Welt ab, sondern allein von der weiteren Entwicklung der Sowjetunion, von ihrer politischen, wirtschaftlichen und militärischen Stärke. Die Machtausdehnung von Stalins Staat bestimmte fortan das Schicksal der kommunistischen Bewegung insgesamt – und nicht umgekehrt. 1936 strich Stalin den Begriff der Weltrevolution schließlich vollends von seiner Agenda.

So vollzog sich – in der Praxis wie in den politischen Erklärungen – der allmähliche Übergang vom Lenin'schen Internationalismus zum Sowjetpatriotismus und später zum russischen Großmachtchauvinismus. Stalins Gespür für Stimmungen in der Bevölkerung und sein Pragmatismus, jene Eigenschaften, die ihn von seinem Konkurrenten Trotzki unterschieden und ihn nach Lenins Tod an die Spitze der Bolschewiki katapultiert hatten, machten es ihm leicht, den grundsätzlichen Bruch mit der marxistischen Theorie zu vollziehen.

Seine erste bewusste Abweichung vom Marxismus, die These vom «Sozialismus in einem Land», hatte Stalins Aufstieg möglich gemacht. Die Ideologieveränderungen, die er in den Jahren darauf vornehmen sollte, unterlagen einem umgekehrten Prinzip: Sie erfolgten jeweils, um praktische Änderungen, zumeist im Nachhinein, zu rechtfertigen. Was Stalin an sozialen und politischen Umwälzungen durchsetzte und was zumeist im Widerspruch zu den Grundsätzen des Sozialismus stand, bekam so eine vermeintlich theoretische Begründung. Die Ideologie verkümmerte unter Stalin zur Legitimation seiner Herrschaft.

Im Gegensatz zur bolschewistischen Tradition argumentierte Stalin dabei niemals theoretisch-dialektisch, sondern ausschließlich apodiktisch. Marx, Engels, auch Lenin, hatten neben rein politischen Artikeln eine Vielzahl von Schriften zu ökonomischen, soziologischen und historischen Themen verfasst. Stalin dagegen beschränkte sich auf den praktisch-politischen Bereich. Und während Lenins politische Autorität nicht zuletzt auf seiner theoretischen Kompetenz gründete, war es bei Stalin anders herum: Erst seine politische Machtstellung verschaffte ihm Autorität auch in Fragen der Ideologie.

ABKEHR VON MARX, ENGELS UND LENIN

Nach 1929, als Stalin die Stellung eines Alleinherrschers errungen hatte, wurden seine Ausführungen im Politbüro nicht nur widerspruchslos hingenommen, sondern galten als «geniale Äußerungen» des «weisen Führers und Lehrers» bzw. der «Koryphäe der Wissenschaften». Dies prägte auch seinen Stil. Die Schriften von Marx, Engels und Lenin waren von einer lebendigen, oft schäumenden Polemik. Stalin dagegen verkündete seine politischen Leitlinien in dogmatisch einfachen Sätzen, oft in Form von Fragen, die er selbst beantwortete – und in mehrfachen Wiederholungen. Zur Erläuterung politischer Probleme und Prozesse benutzte Stalin häufig Begriffe aus dem militärischen Bereich. Hatte er schon in seinem Schwur am Grabe Lenins die bolschewistische Partei als Armee bezeichnet, so verglich er später höhere, mittlere und untere Parteifunktionäre mit Generälen, Offizieren und Unteroffizieren. Und entsprechend die politische Strategie mit einem Krieg, die politische Taktik mit einer Schlacht. Die Sowjetgesellschaft wurde für Stalin zu einer großen Maschine, wobei die Führer die Schalthebel besetzten und die einfachen Bürger als «Schräubchen» dienten.

Die Abkehr vom Marxismus ist auch darin zu erkennen, dass zu Beginn der dreißiger Jahre die Edition der Gesamtwerke von Marx und Engels in der Sowjetunion eingestellt wurde. Stattdessen gab die Parteiführung für die ideologische Schulung kurze Broschüren über die wichtigsten Werke von Marx,

Engels und Lenin heraus, die sich, mit einer entsprechenden Kommentierung, auf die wenigen noch gültigen Erklärungen der Revolutionsväter beschränkten, auf das also, was Stalin als Bestandteil der Ideologie gelten ließ. Im November 1938 verurteilte das Zentralkomitee in einer Resolution die «schädliche Trennung (...) zwischen Marxismus und Leninismus» und führte den obligatorischen Begriff «Marxismus-Leninismus» ein – ein Programm, das Stalin nach eigenen Bedürfnissen formte und in das lediglich einige wenige «passende» Zitate von Marx, Engels und Lenin eingebaut waren.

Die Doktrin vom «Sozialismus in einem Land», die Stalin erstmals 1924 verkündete, bildete nicht nur den Auftakt zu weiteren Veränderungen der Ideologie. Man kann im Grunde alle Abweichungen, die noch folgen sollten, unmittelbar aus dieser ersten Doktrin ableiten.

Bot der «Sozialismus in einem Land» der Bevölkerung eine anschauliche Perspektive für die absehbare Zukunft, so konnten kommende Entbehrungen zugleich immer als notwendige, aber vorübergehende Schwierigkeiten deklariert werden. Der Begriff vom «Aufbau des Sozialismus», den Stalin 1925 einführte, steht damit in engem Zusammenhang.

Nach der marxistischen Theorie sollte der Sozialismus nicht planmäßig aufgebaut werden, sondern vielmehr durch die Umgestaltung eines kapitalistischen Systems entstehen. Für Stalin aber bezeichnete «der Aufbau des Sozialismus» das Ziel, «die ökonomische Basis des Sozialismus» zu schaffen. Während Marx und Engels einen hohen wirtschaftlich-technischen Entwicklungsstand eines Landes als die Voraussetzung einer sozialen Revolution betrachteten, proklamierte Stalin nun, dass erst *nach* dem Sieg einer sozialistischen Revolution die ökonomischen Voraussetzungen für eine neue Gesellschaftsordnung zu schaffen seien.

Dieser sozialistische Aufbau, so Stalin, vollziehe sich unter den Bedingungen einer «kapitalistischen Umkreisung». Man dürfe nicht vergessen, erklärte er, «dass die Sowjetmacht nur auf einem Sechstel der Erde gesiegt hat, dass fünf Sechstel der Erde von kapitalistischen Staaten beherrscht werden». Und er fuhr fort: «Kapitalistische Umkreisung – das ist keine leere Phrase, das ist eine sehr reale und unangenehme Erscheinung. Kapitalistische Umkreisung heißt, dass es ein Land gibt, die Sowjetunion, das bei sich die sozialistische Ordnung errichtet hat, und dass es außerdem viele Länder, bürgerliche Länder, gibt, die weiterhin die kapitalistische Lebensweise führen, die die Sowjetunion umlagern und auf eine Gelegenheit lauern, sie zu überfallen, sie zu zerschmettern oder jedenfalls ihre Macht zu untergraben und sie zu schwächen.»

Mit dem Schlagwort von der kapitalistischen Umkreisung vermittelte Stalin den Menschen in der Sowjetunion das Gefühl, in einer belagerten Festung zu leben. Auf diese Weise konnte die Repression der Bevölkerung durch das System gerechtfertigt werden: «Die Organe der Unterdrückung, die Armee und andere Organisationen, sind jetzt, in der Zeit des Aufbaus, nicht minder notwendig als in der Periode des Bürgerkriegs.» Mehrfach wies Stalin darauf hin, dass, «solange die kapitalistische Umkreisung besteht, auch die Gefahr der Intervention mit allen sich aus dieser Gefahr ergebenen Folgen bestehen» werde. Die Verstärkung der staatlichen Kontrollen und Zwangsmaßnahmen stellte er als eine vorübergehende und von äußeren Umständen bedingte Notwendigkeit dar. So konnte er den Unmut gegen repressive Maßnahmen wenn schon nicht ganz verhindern, so doch zumindest über längere Zeit bändigen.

DER KAMPF GEGEN DAS GLEICHHEITSIDEAL

Stalins zweite wesentliche Veränderung der Ideologie bestand darin, sich demonstrativ vom ursprünglichen Marx'schen Gleichheitsideal abzuwenden. Schon Ende 1925 verkündete er, man dürfe nicht mit der Phrase der Gleichheit spielen, dies sei ein Spiel mit dem Feuer. Er erklärte, «dass der Unterschied zwischen qualifizierter und unqualifizierter Arbeit selbst im Sozialismus» bestehen bleibe, «sogar nach der Aufhebung der Klassen». Daher müsse man «die Gleichmacherei abschaffen und ausmerzen». Später fügte er apodiktisch hinzu: «Gleichmacherei hat nichts gemein mit dem marxistischen Sozialismus.»

Die Abkehr vom Marx'schen Gleichheitsideal und die Bekämpfung der «Gleichmacherei», ein von Stalin eingeführter Begriff, dienten dazu, die in den dreißiger Jahren praktizierte soziale Differenzierung und die Existenz einer wachsenden Schicht von sozial Privilegierten in der Sowjetunion zu rechtfertigen. Stalin hat das Entstehen dieser neuen privilegierten Klasse in seinen Reden und Schriften niemals direkt erwähnt. Doch er sprach bereits im Frühjahr 1925 von einer «Heranbildung der Kommandeurkader auf dem Gebiet der Wirtschaft und der Kultur». Die Spezialisten in den verschiedenen Bereichen sollten gleichsam Befehlshaber sein: «Ohne neue Kommandeurkader kann man die neue Gesellschaft nicht errichten, ebenso wie man ohne neue Kommandeurkader auch keine neue Armee aufbauen kann.»

Die Abschaffung der «Gleichmacherei», für ihn nichts weiter als ein «widerwärtiger Überrest kleinbürgerlicher Ideologie», ging einher mit zunehmenden Lohnunterschieden innerhalb der Arbeiterschaft.

Die differenzierte Lohnskala etwa, die Stalin im Juni 1931 ankündigte, hatte dabei einen konkreten Hintergrund. Denn die im Zuge des ersten Fünfjahresplans anvisierten Steigerungen der Arbeitsleistungen konnten nur dann erreicht werden, wenn man dafür materielle Anreize schuf. Wer mehr arbeite, begründete Stalin lapidar diese Abkehr von den sozialistischen Grundsätzen, der solle auch mehr essen.

KOLLEKTIVIERUNG DER LANDWIRTSCHAFT

Die Kollektivierung der Landwirtschaft war die dritte wichtige Veränderung der Ideologie, die Stalin einleitete. Marx, Engels, auch Lenin hatten stets einen schrittweisen, langsamen Übergang der Einzelbauernwirtschaft zu Genossenschaften befürwortet. 1929 gab Stalin die Parole vom «sozialistischen Weg» in der Landwirtschaft aus, der darin bestehen sollte, Kollektivwirtschaften zu schaffen, also die kleinen Bauernwirtschaften zu großen Kollektiven zu vereinigen.

In direktem Gegensatz zu Marx, Engels und Lenin, die lediglich die Enteignung der Großgrundbesitzer gefordert hatten – wobei Marx und Engels sogar eine Entschädigung für denkbar hielten –, erklärte Stalin nun, dass die Großbauern, die «Kulaken», nicht nur entschlossen bekämpft, sondern sogar physisch vernichtet werden müssten: «Wir sind von der Politik einer Einschränkung der Ausbeutertendenzen des Kulakentums übergegangen zur Politik der Liquidierung des Kulakentums als Klasse.» Es sei lächerlich, polterte er, «sich heute über die Enteignung der Kulaken zu verbreiten. Verliert man den Kopf, weint man nicht um den Schopf».

Den Kampf gegen die Kulaken – bei denen es sich, wohlgemerkt, nicht um Großgrundbesitzer, sondern um Großbauern handelte – nannte Stalin später «eine tiefgehende revolutionäre Umwälzung», die «von oben, auf Initiative der Staatsmacht, mit direkter Unterstützung von unten durch die Millionenmassen der (…) Bauern, vollzogen wurde».

Was für Marx und Engels aber noch eine Frage von Generationen gewesen war, nämlich Privateigentum an Grund und Boden zu vergesellschaften, verwirklichte Stalin, gegen den Willen der Beteiligten und unter Einsatz brutaler Gewalt, innerhalb weniger Jahre.

«KLASSENKAMPF IN DER PERIODE DES SOZIALISTISCHEN AUFBAUS»

Die vierte Veränderung der Ideologie unter Stalin war seine Doktrin vom «Klassenkampf in der Periode des sozialistischen Aufbaus». Marx und Engels hatten die sozialistische Revolution als unmittelbare Vorstufe der klassenlosen Gesellschaft betrachtet und niemals einen Klassenkampf als die Folge einer Revolution in Betracht gezogen. Dagegen hatte bereits Lenin erklärt, der Klassenkampf werde sich nach einer sozialistischen Revolution in einer anderen Form fortsetzen. Stalin radikalisierte die Lenin'sche Auffassung. Später sprach er sogar von einer «Verschärfung des Klassenkampfes» und einer «Verstärkung des Widerstandes der kapitalistischen Elemente in Stadt und Land», wobei er «die Schädlingsarbeit der bürgerlichen Intellektuellen» als typische Form des Klassenkampfes bezeichnete.

Die häufige Betonung des angeblich verschärften Klassenkampfes in der Periode des sozialistischen Aufbaus (nachdem es längst keine Großgrundbesitzer und kapitalistischen Unternehmer mehr gab) war ein deutliches Eingeständnis, dass Stalin sich des Widerstands der Bevölkerung gegen die Maßnahmen seines Regimes bewusst war. Später erklärte Stalin die Verschärfung des Klassenkampfes sogar für grundsätzlich notwendig, um zur klassenlosen Gesellschaft zu gelangen: «Die Aufhebung der Klassen wird nicht durch das Erlöschen des Klassenkampfes, sondern durch seine Verstärkung erreicht.»

Damit legte Stalin den Grundstein für eine weitere, besonders bedeutsame Veränderung – seine neue Doktrin von der «Verstärkung des Staates». Für Marx und Engels war das «Absterben des Staates» eines der zentralen Ziele der sozialistischen Revolution. Lenin hielt daran fest, hatte jedoch das Verschwinden des Staates in eine ferne Zukunft verlegt. Stalin erklärte auf dem 14. Parteitag 1930: «Wir sind für das Absterben des Staates. Wir sind jedoch gleichzeitig für die Verstärkung der Diktatur des Proletariats, der stärksten und mächtigsten Staatsmacht, die jemals bestanden hat. Höchste Entwicklung der Staatsmacht zur Vorbereitung der Bedingungen für das Absterben der Staatsmacht – so lautet die marxistische Formel. Ist das ‹widerspruchsvoll›? Ja, es ist ‹widerspruchsvoll›. Aber dieser Widerspruch ist dem Leben eigen, und er widerspiegelt vollständig die Marx'sche Dialektik.»

Ende 1931 trat Stalin erneut für die «Festigung des sozialistischen Staates» ein. Zwei Jahre später gab er folgende Begründung: «Das Absterben des Staates wird nicht durch Schwächung der Staatsmacht erfolgen, sondern durch ihre maximale Verstärkung, die notwendig ist, um die Überreste der sterbenden Klasse zu vernichten und die Verteidigung gegen die kapitalistische Umkreisung zu organisieren, die noch bei weitem nicht besiegt ist.»

Stalin hatte also bereits bis Mitte der dreißiger Jahre eine Reihe wichtiger Veränderungen der marxistischen Ideologie vollzogen – durch seine These vom «Sozialismus in einem Land», durch die Kollektivierung; durch die Abkehr vom Gleichheitsideal und den Kampf gegen die «Gleichmacherei»; durch die Konzeption einer Elite von «Kommandeurkadern», die eine neue sozialistische Gesellschaft errichten sollten; und schließlich durch die Doktrin der «kapitalistischen Umkreisung» sowie des «verschärften Klassenkampfes in der Periode des sozialistischen Aufbaus».

Hatte er die Weltrevolution ein «Missverständnis» genannt, so bezeichnete er ähnlich unverhohlen die Komintern, den internationalen Zusammenschluss kommunistischer Parteien, als «Krämerladen». Für Lenin, zutiefst vom Internationalismus geprägt, war die Komintern eines der wichtigsten Instrumente auf dem Weg zur Weltrevolution gewesen. Stalin jedoch proklamierte immer deutlicher die Sowjetunion als Beispiel und Modell für die Kommunisten aller Länder und verlangte – in der Praxis wie in der Theorie – die Unterordnung der ausländischen Kommunisten unter die Direktiven der Sowjetunion.

Schon Ende 1925 forderte Stalin, dass der revolutionäre Teil des Proletariats Europas den sowjetischen Staat «als eigenes Kind betrachtet, und, wenn nötig, für ihn kämpft». Und keine zwei Jahre später, im August 1927, rief Stalin die Kommunisten aller Länder explizit auf, die Interessen des Sowjetstaates über alles andere zu stellen: «Ein Revolutionär ist, wer ohne Vorbehalte, bedingungslos, offen und ehrlich, ohne militärische Geheimberatung bereit ist, die UdSSR zu schützen und zu verteidigen, denn die UdSSR ist der erste revolutionäre proletarische Staat in der Welt, der den Sozialismus aufbaut. Ein Internationalist ist, wer vorbehaltlos, ohne zu schwanken, ohne Bedingungen zu stellen, bereit ist, die UdSSR zu schützen, weil die UdSSR die Basis der revolutionären Bewegung der ganzen Welt ist; diese revolutionäre Bewegung zu schützen und voranzubringen, ist aber nicht möglich, ohne die UdSSR zu schützen. Denn wer die internationale revolutionäre Bewegung zu schützen gedenkt und dabei die UdSSR nicht schützen will oder sich gegen sie stellt, der stellt sich gegen die Revolution, der gleitet unwiderruflich ins Lager der Feinde hinab.»

Im Unterschied zu Lenin, der bereitwillig Fehler und Mängel der Bolschewiki eingestand und die Oktoberrevolution keineswegs als unfehlbares Modell für andere Länder betrachtete, erklärte Stalin nun, die Revolution von 1917 (an der er ja selbst gar nicht teilgenommen hatte) sei «von Weltbedeutung» und «eine grundlegende Wende in der Weltgeschichte der Menschheit». Die Sowjetunion war, nach Stalin, nicht mehr wie unter Lenin nur ein Teil der revolutionären Bewegung, sondern «das Vaterland des Weltproletariats».

Zwei Jahre später ging er noch einen Schritt weiter: «Die Revolutionäre aller Länder blicken voller Hoffnung auf die UdSSR als den Hort des Befreiungskampfes der Werktätigen der ganzen Welt und betrachten sie als ihr einziges Vaterland.» Die revolutionären Arbeiter aller Länder sähen in der sowjetischen Arbeiterklasse «und vor allem der russischen Arbeiterklasse» (von Stalin hervorgehoben) ihren «anerkannten Führer». Dies erfülle «die Herzen der russischen Arbeiter mit dem Gefühl revolutionären Nationalstolzes, das fähig ist, Berge zu versetzen».

Stalin sprach nun öfter von Vaterlandsliebe, die jeden Sowjetbürger erfüllen müsse. Die Begriffe Heimat und Vaterland rückten immer mehr in das Zentrum der Propaganda. Auch die offizielle Haltung zu Familie und Ehe änderte sich – galten sie nach bolschewistischer Auffassung als kleinbürgerliche Einrichtungen, wurde ab Mitte der dreißiger Jahre plötzlich das gesunde Familien- und Eheleben im Vaterland Sowjetunion propagiert.

DIE VERSTÄRKUNG DES RUSSISCHEN NATIONALISMUS

Gegen Ende der dreißiger Jahre gab Stalin seiner Propaganda wiederum eine neue Richtung. Nun wurde nicht mehr nur die Sowjetunion als Vaterland des Proletariats und der Werktätigen proklamiert. Vielmehr trat Russland in den Vordergrund. Die Bedeutung des Begriffs «Vaterland», der bisher die gesamten Republiken der Sowjetunion eingeschlossen hatte, begann sich zu wandeln. In den zwanziger und bis weit in die dreißiger Jahre galten noch die Parolen von Völkerverständigung und Völkerfreundschaft in den Unionsrepubliken und autonomen Republiken der Sowjetunion. Als Stalin 1931 erklärt hatte, nach dem Sturz des Kapitalismus «haben wir ein Vaterland und werden seine Unabhängigkeit verteidigen», verstand er darunter noch die gesamte Sowjetunion, einen Vielvölkerstaat, in dem die Russen nur etwas mehr als die Hälfte der Bevölkerung bildeten.

Nach 1939 spielte in Propaganda wie Selbstdarstellung mehr und mehr Russland eine herausgehobene Rolle. Zu Anfang des Krieges, im November 1941, sprach Stalin bereits von der «großen russischen Nation», ohne die übrigen Nationalitäten der UdSSR zu erwähnen. Der endgültige Bruch mit dem Grundsatz erfolgte 1943, als der Diktator plötzlich erklärte: «Wir haben die Gleichberechtigung, aber wir haben auch ein führendes Volk! Und das führende Volk der Sowjetunion, das ist Russland!» Das russische Volk war nun offiziell das «erste unter gleichen».

Kurz nach Kriegsende, am 24. Mai 1945, nannte

Stalin folgerichtig das russische Volk die führende Kraft unter den Völkern der Sowjetunion: «Ich möchte einen Toast auf das Wohl unseres Sowjetvolkes und besonders auf das Wohl des russischen Volkes ausbringen, weil es die hervorragendste Nation unter allen zur Sowjetunion gehörenden Nationen ist. Ich bringe einen Toast auf das Wohl des russischen Volkes aus, nicht nur, weil es das führende Volk ist, sondern auch, weil es einen klaren Verstand, einen standhaften Charakter und Geduld besitzt.»

Der großrussische Nationalismus wurde zur herrschenden Ideologie. Dieser Wandel spiegelte sich auch im offiziellen Sprachgebrauch: Seit Mitte der dreißiger Jahre sprach man nicht mehr von den «Völkern der Sowjetunion», sondern vom «Sowjetvolk». Gleichzeitig begann die Verherrlichung Moskaus in Liedern, Gedichten, Filmen, Artikeln und offiziellen Erklärungen. Die Vorstellung von einer Union selbständiger Republiken wich der von einem zentralistischen Staat.

Stalin hatte auf diese Entwicklung hingearbeitet. So wurden beispielsweise seit Ende der zwanziger Jahre die Alphabete einiger nicht-russischer Nationalitäten wieder umgestellt. Nach der Revolution hatten sie eigene Alphabete entwickelt, die auf der lateinischen Schrift basierten. Gerade als die Jugend dieser Völkerschaften sich nunmehr mit dem jeweiligen Alphabet vertraut gemacht hatte, wurde es annulliert und stattdessen das russische (kyrillische) eingeführt. Die Umstellung konnte nur einen einzigen Zweck haben: eine für später geplante Russifizierung dieser Völkerschaften vorzubereiten.

Sie drückte sich auf formeller Ebene auch in der Zusammensetzung des Obersten Sowjets aus, wo im Nationalitätensowjet, in dem die einzelnen Unionsrepubliken gleichrangig vertreten sein sollten, bis zu zwanzig Prozent russische Abgeordnete saßen.

Hinzu kam, dass Stalin ebenfalls seit Ende der zwanziger Jahre immer mehr die russische Vergangenheit als patriotisches Vorbild für die Gegenwart herausstellte. Statt sich auf die Oktoberrevolution von 1917 zu berufen, rief Stalin die Heldentaten russischer zaristischer Generäle und Feldherren in Erinnerung, selbst die früherer Zaren, unter ihnen Peter der Große und Iwan der Schreckliche (wobei dieses Attribut niemals gebraucht wurde, sondern immer von Iwan IV. die Rede war).

So erteilte Stalin den Auftrag, einen Film über jenen Iwan zu produzieren, der ihn in positivem Licht erscheinen ließ. Auf diese Weise schlug Stalin geschickt eine Brücke ausgerechnet zu jener Vergangenheit, deren Tradition die Revolution doch eigentlich bekämpft hatte. Die Absicht war klar: Er, Stalin, wollte als Erbe dieser Tradition erscheinen.

Die Identifizierung mit der zaristischen Vergangenheit Russlands ging so weit, dass Stalin anlässlich der Kapitulation Japans im September 1945 erklärte, die Niederlage des zaristischen Russlands im Russisch-Japanischen Krieg von 1904/1905 (die einen wesentlichen Anstoß für die Revolution von 1905 gab und von Lenin wiederholt begrüßt worden war), habe «im Bewusstsein des Volkes schwere Erinnerungen zurückgelassen. Die Niederlage legte sich auf unser Land wie ein schwarzer Fleck». Stalin fuhr fort: «Unser Volk glaubte daran und wartete darauf, daß der Tag kommt, da Japan geschlagen und der Fleck getilgt wird. Vierzig Jahre haben wir, Menschen der alten Generation, auf diesen Tag gewartet. Und nun ist dieser Tag gekommen.»

Die Verherrlichung Russlands und der russischen Vergangenheit nahm Ende der vierziger Jahre zuweilen groteske Formen an. Nahezu sämtliche Errungenschaften der Moderne, ob Dampfmaschine, Dieselmotor, Unterseeboot oder Glühbirne, galten nun als russische Erfindungen. Wie hätte dies in einem der ökonomisch und technisch rückständigsten Länder möglich sein können? Und mit dem «Kampf um die Priorität der Erfindungen», der sogar als «wichtigste Aufgabe der Wissenschaft» bezeichnet wurde, begann auch die Verherrlichung der russischen Sprache.

Die Sprachkampagne startete am 1. Januar 1949 mit einem Artikel des Parteipublizisten David Saslawski in der «Literaturnaja Gaseta», dem offiziellen Organ des Schriftstellerverbandes der Sowjetunion. In diesem parteioffiziösen Artikel hieß es: «Die französische Sprache war die Sprache der herrschenden Klasse der Feudalepoche. (...) Die englische Sprache ist zur Sprache des Weltkapitalismus geworden.» Der Artikel schloss mit dem feierlichen Ausblick: «Indem wir am Neujahrstage in die Zukunft blicken, sehen wir die russische Sprache als Weltsprache des Sozialismus.»

Während Stalin einerseits die Glorifizierung der russischen Vergangenheit, Sprache und Kultur betreiben ließ, ging er im Gegenzug immer rücksichtsloser gegen alle Erscheinungen einer selbständigen Kultur der nicht-russischen Völker vor.

Dass Stalin die international-revolutionäre Zielsetzung zunehmend durch eine russisch-patriotische ersetzte, drückte sich auch darin aus, dass er die Industrialisierung nicht mehr als Voraussetzung betrachtete, um die Basis für eine sozialistische Gesellschaft zu schaffen. Sie war für ihn vor allem notwendig, um Russland außenpolitisch zu stärken.

Bereits 1931 gebrauchte Stalin zum ersten Mal eine patriotische Begründung für die Industrialisierung: «Die Geschichte des alten Russlands bestand unter anderem darin, dass es wegen seiner Rückständigkeit fortwährend geschlagen wurde. (...) Du bist rückständig, du bist schwach – also bist du im Unrecht, also kann man dich schlagen und unterjochen. Du bist mächtig – also hast du recht, also muss man sich vor dir hüten. Das ist der Grund, warum wir nicht länger zurückbleiben dürfen.»

Der Tenor dieser Rede, die vor «Funktionären der sozialistischen Industrie» gehalten wurde, entsprach der veränderten Stimmung. Die neue herrschende Schicht war gewiss weniger vom revolutionären Eifer als vom Stolz auf die wirtschaftlichen Errungenschaften und die Macht des Staates durchdrungen. Sie war weniger am Schicksal ausländischer Kommunisten interessiert als an ihren eigenen Privilegien. Sowjetpatriotismus und Staatsbewusstsein entsprachen ihrer Lebensauffassung viel mehr als die früher von Lenin verkündeten weltrevolutionären Ziele.

Wie sehr sich Stalin in wenigen Jahren von den ursprünglichen Idealen des Marxismus entfernt hatte, wird auch deutlich, wenn man abschließend betrachtet, welche Grundsätze von Marx und Engels im Stalinismus gar nicht mehr vorkamen.

Vor allem war es eine völlig neue Interpretation des Endziels, der klassenlosen kommunistischen Gesellschaft, die mit Stalins ideologischem Schwenk einherging. Zunächst war dieses Endziel immer weiter in die Zukunft verschoben worden. Bereits Lenin hatte es in zwei Perioden, den (von Marx und Engels in diesem Sinn niemals erwähnten) «Sozialismus» und, eine zweite höhere Phase, den «Kommunismus» unterteilt. Stalin definierte den Sozialismus nun als eine Gesellschaftsordnung, die ökonomisch im Wesentlichen auf dem Staatseigentum (das, nach Marx und Engels, nur als vorübergehende Handhabe während der sozialen Revolution angesehen worden war) basierte, deren Arbeiter nach Arbeitsleistung entlohnt werden und die politisch durch eine (von Marx und Engels niemals erwähnte) Partei geleitet, gelenkt und dirigiert werden sollte.

Marx und Engels hatten sich den künftigen Kommunismus als eine Gesellschaft vorgestellt, die auf der Assoziation der freien Produzenten beruhen sollte, ohne Klassen und Staat. Als eine Gesellschaft, die ihren genossenschaftlichen Reichtum so weit steigert, dass die Verteilung aller Produkte nach dem Prinzip der Bedürftigkeit erfolgt, in der die Unterschiede zwischen Stadt und Land, zwischen geistiger und körperlicher Arbeit überwunden sind und in der die Persönlichkeit des Einzelnen sich frei entfalten könne.

Die Assoziation der freien Produzenten, bei Marx und Engels das Kernstück der neuen Gesellschaft, war unter Stalin nicht mehr Bestandteil der Ideologie; stattdessen sprach er von einer «Zentralgewalt», die die gesamte gesellschaftliche Produktion leiten und erfassen solle. Der Staat sollte nach Stalin selbst im Kommunismus erhalten bleiben.

Die «Befreiung der menschlichen Persönlichkeit» von der knechtenden Arbeitsteilung – Ausgangspunkt der politischen Konzeptionen von Marx und Engels – war fast vollständig in den Hintergrund getreten. Wenn die von Marx und Engels so stark betonte Entfremdung überhaupt noch erwähnt wurde, dann hieß es stets, sie sei unter Stalin bereits überwunden. Die Marx'sche Idee, dass die Arbeiterklasse die soziale Kraft sei, die den Kapitalismus überwinden werde, war im Laufe eines Jahrhunderts zu einem Lippenbekenntnis geworden.

Der Begriff «Arbeiterklasse» wurde unter Stalin zu einem Synonym für die Partei. Deshalb bedeutete der von Stalin häufig verwandte Terminus der «Treue zur Arbeiterklasse» nichts anderes als die Treue zur Partei, also die Bereitschaft und den Willen eines jeden, sich dem Willen der Parteiführung unterzuordnen. Wer an einer bestimmten Parteilinie zu zweifeln begann oder dagegen opponierte, galt sofort als «Verräter an der Arbeiterklasse».

Marx und Engels hatten eine Arbeiterpartei als Interessenvertretung der gesamten Arbeiterschaft betrachtet, die demokratisch aufgebaut ist und jeden Autoritätsglauben unterbindet. Schon Lenin aber hatte die Partei in eine einheitliche, disziplinierte Elite-

organisation verwandelt, in eine Partei, die die Partei-
presse kontrolliert, über eine gemeinsame Ideologie
verfügt und die Arbeiterklasse führen muss. Stalin
vollendete den Wandel der Partei zum Herrschafts-
organ.

Marx' und Engels' «soziale Revolution», als fried-
liche Umgestaltung erdacht, war durch die Konzeption einer «sozialistischen Revolution» ersetzt worden, einer gewaltsamen Revolution unter Führung
der Partei. Marx und Engels hatten die «Diktatur des
Proletariats» als kurzfristige notwendige Durchgangs-
stufe betrachtet. Die politische Macht sollte in den
Händen eines gewählten Organs liegen, das gleichzeitig gesetzgebende und vollziehende Macht ausüben
würde, kein Beamter oder Angestellter sollte eine
den Arbeiterlohn übersteigende Bezahlung erhalten.
Unter Stalin aber wurde der Begriff «Diktatur des Proletariats» dazu benutzt, ein bürokratisches System zu
rechtfertigen, dessen Nutznießer ihre Privilegien mit
Gewalt verteidigten.

Stalin veränderte aber nicht nur die marxistische
Ideologie. Seine Herrschaft prägte auch den sowjetischen Alltag, der sich in kürzester Zeit so weit von den
Idealen der Freiheit und Gleichheit entfernte, wie es
in der Geschichte ohne Beispiel war.

DER TERROR

Am Abend des 25. November 1936 waren in der gesamten Sowjetunion – in Schulen, Hochschulen, Betrieben und Behörden – Lautsprecher aufgestellt, die Stalins Rede auf dem außerordentlichen Sowjetkongress in Moskau übertrugen. Die Menschen vernahmen, wie er den entscheidenden Sieg des Sozialismus verkündete. Auch im Kinderheim Nr. 6, in dem die Söhne und Töchter österreichischer und deutscher Antifaschisten untergebracht waren, lauschten wir gemeinsam der Ansprache des Diktators.

«Unsere Sowjetgesellschaft hat erreicht, dass sie die sozialistische Gesellschaft errichtet, also verwirklicht hat, was bei den Marxisten sonst die erste oder untere Phase des Kommunismus genannt wird», erklärte Stalin. Der tosende Jubel der Kongressdelegierten, der sich diesen Worten anschloss, schallte auch durch die Räume unseres Kinderheims. Die Begründung, die Stalin für den Sieg des Sozialismus in der Sowjetunion gab, war knapp und einfach: Es gebe in der sowjetischen Industrie keine Kapitalisten mehr, weder Großgrundbesitzer noch Großbauern in der

Landwirtschaft, auch keine privaten Händler, da der Handel bereits sozialistisch sei.

Also, folgerte Stalin, seien in der Sowjetunion die Ausbeuterklassen abgeschafft. Die sowjetische Gesellschaft bestehe nur noch aus zwei gleichberechtigten Klassen, der Arbeiterklasse und der Kollektivbauernschaft sowie der werktätigen Intelligenz. Die moralisch-politische Einheit dieser Sowjetgesellschaft, schloss der Diktator, sei durch die Kommunistische Partei gewährleistet.

Ich war, wie wahrscheinlich die große Mehrheit der sowjetischen Bevölkerung, von Stalins Rede über den Sieg des Sozialismus beeindruckt. Seit mehr als einem Jahr lebten meine Mutter und ich inzwischen in Moskau, und äußerlich schienen tatsächlich alle Zeichen auf eine glorreiche Zukunft hinzudeuten. Anfangs war es nicht leicht gewesen, sich in der neuen Stadt zurechtzufinden. Der Stadtplan meiner Mutter stammte noch aus dem Jahr 1924 und half uns wenig. Denn inzwischen waren sehr viele Straßen umbenannt worden, und das Stadtbild hatte sich durch viele Neubauten und den Abriss alter Häuser verändert.

Als dann endlich neue Stadtpläne in den Buchhandlungen eintrafen, waren wir mehr als verblüfft: Sie zeigten das Straßenbild von Moskau, wie es für 1945 geplant war. Die Menschen um uns herum schienen unsere Verwunderung nicht zu teilen. «Das ist

doch ganz einfach», bekamen wir auf unsere Nach-
fragen zur Antwort: «Anfang Juli ist der Zehn-Jahres-
Generalbauplan für Moskau veröffentlicht worden,
und um ihn populär zu machen, sind eben jetzt die
Pläne für das Jahr 1945 gedruckt worden. Wie Moskau heute aussieht, das weiß doch sowieso jeder.» Es
herrschte Aufbruchsstimmung.

Wenn wir spazieren gingen, waren wir doppelt
bestückt; der eine Plan zeigte, wie Moskau vor zehn
Jahren ausgesehen hatte, und der andere sollte doku-
mentieren, wie die Stadt in zehn Jahren aussehen würde. Häufig wurden wir während unserer Spaziergänge
gefragt, ob wir schon die neue Metro gesehen hätten.
Die Metro, die Moskauer Untergrundbahn, war erst
vor einem Jahr, im Mai 1935, dem Verkehr übergeben
worden, und allerorten war man auf diese Errungen-
schaft stolz. Die Drei-Millionen-Stadt hatte nicht nur
eine technische Meisterleistung vollbracht – die Metro
war auch zum Symbol des sozialistischen Aufbruchs
geworden. Die «Prawda» schwärmte von den «glän-
zenden Foyers mit den gläsernen Kassen, den breiten,
großartigen, mit formstrengen Lüstern erleuchteten
Korridoren» und den «riesigen, leuchtenden Sälen der
unterirdischen Bahnsteige und Bahnhöfe – verkleidet
in Marmor, Granit, Kupfer, bunten Fliesen, mit zart-
grauen rosafarbenen, rotgeäderten Säulen und mit
polierten Wänden».

Überall stand sie zu dieser Zeit im Mittelpunkt des Interesses. Wie sie uns gefalle, wurden wir gefragt, und meist entspann sich dann ein längeres Gespräch über ihre Vorzüge. Nur einmal traf ich einen Ketzer. «Es wäre gut», meinte er, «wenn Moskau über der Erde nur ein Zehntel so schön wäre wie unter der Erde.» Er hatte mit seiner Bemerkung durchaus recht, nicht nur was das Straßenbild, sondern auch was die politische Lage im Land betraf. Zwar zeigten viele unserer Bekannten Zuversicht. Anfang 1935 waren die letzten Lebensmittelkarten abgeschafft worden, und ein außerordentlicher Sowjetkongress hatte die Ausarbeitung einer Verfassung angekündigt, die demokratische Reformen verhieß.

Aber diese Zeichen waren trügerisch. Dass Stalin seine Rede über die Erfolge der eigenen Politik gerade zu diesem Zeitpunkt gehalten hatte, war nämlich kein Zufall. Er versuchte, die Bevölkerung noch einmal für ein System zu begeistern, das kurz darauf seine hässlichste Fratze zeigen sollte.

Zur gleichen Zeit, als Stalin den Sieg des Sozialismus verkündet und erklärt hatte, es gebe in der Sowjetunion keine Ausbeuterklassen mehr, begann die Große Säuberung. Zwischen 1936 und 1938 sind mindestens vier Millionen, nach anderen Schätzungen sogar sieben Millionen Menschen verhaftet und in Zwangslager geschickt worden. Dies bedeutete im

Durchschnitt zwischen fünftausend und zehntausend Verhaftungen pro Tag – zwei Jahre lang. Die Terroraktionen waren oft als Strafverfolgung getarnt und durch erpresste Geständnisse, oft unter Folter, begründet, an deren Folgen Hunderttausende starben.

Das Bild des eisernen, unerbittlichen Herrschers, das die zeitgenössische Wahrnehmung, aber auch das historische Urteil über Stalin bestimmt hat, ist vor allem aus der universalen Systematik des Terrors während der Großen Säuberung entstanden, die Stalin zu verantworten hatte. Tatsächlich aber zeigt deren Vorgeschichte, dass dieses Bild, das Stalin selbst gern beförderte, unvollkommen war.

Der Terror entsprang auch einem tiefen Misstrauen Stalins, ja der Angst vor dem Verlust der Macht, eine Angst, die ihn in den Jahren seiner Herrschaft stets begleiten sollte. Auf dem 17. Parteitag im Januar 1934 schien es nun, als sei das Misstrauen gerechtfertigt. Denn es formierte sich Widerstand. Zum ersten Mal seit fast zehn Jahren sah sich Stalin mit einer Gegenströmung im Politbüro konfrontiert.

Nicht ohne Grund mehrten sich die kritischen Stimmen gerade zu diesem Zeitpunkt. Anfang 1934 war der erste Fünf-Jahres-Plan abgeschlossen, die schwersten Prüfungen schienen vorüber zu sein: Zwangskollektivierung, Enteignung der Bauern, Hungersnöte. Viele Parteifunktionäre mochten sich gesagt haben, dass es nur noch diese Phase durchzustehen galt, bevor alle vom Aufschwung profitieren würden. Doch die erhoffte ökonomische Erholung blieb aus.

Jetzt aber regte sich in der Partei und sogar bei höchsten Parteikadern Unmut. Einige Funktionäre riefen nach einem neuen Generalsekretär. Sie trafen sich zwischen den Sitzungen des Parteitags zu informellen Gesprächen. Einer von ihnen war Chruschtschow, der später schilderte, was die kommunistischen Funktionäre auf diesem 17. Parteitag bewegte. Sie lehnten die stalinistischen Unterdrückungsmethoden ab, sie forderten eine Abkehr von der rigorosen Planwirtschaft, sie befürworteten eine moderate Außen- wie Innenpolitik sowie größere Autonomie für die nationalen Minderheiten. Kurzum: Es drohte der Aufstand gegen die Politik, für die Stalin stand. Kein ausformuliertes Programm, aber entschieden genug, um das Regime herauszufordern.

Man sprach über mögliche Alternativen zu Stalin. Der Mann, der immer wieder als potenzieller Parteivorsitzender ins Spiel gebracht wurde, war Sergei Mironowitsch Kirow. Er gehörte dem Politbüro seit 1930 an, war Erster Parteisekretär von Leningrad und zählte zu den populärsten Spitzenfunktionären. Kirow freilich lehnte sofort ab, als ihm dieses Ansinnen unterbreitet wurde. Gegen Stalin zu kandidieren, erklärte er, übersteige die Möglichkeiten eines Sterblichen. Wenn auch diese Einsicht von Klugheit zeugte, so unterlief Kirow doch ein fatales Missgeschick: Er erhielt bei der geheimen Wahl zum Zentralkomitee nur drei Gegenstimmen, während gegen Stalin gleich 292 Funktionäre votierten, was für ihn einer Demütigung gleichkam.

Kirow fiel im Dezember 1934 einem Attentat zum Opfer. Die genauen Umstände sind bis heute ungeklärt – ob der Kreml den Auftrag erteilte, bleibt ungewiss. Fest steht, dass der Diktator aus dem Mord propagandistischen Nutzen zog. Ähnlich hatten die Nazis den Reichstagsbrand ein Jahr zuvor genutzt, um ihre Alleinherrschaft zu sichern.

So verschärfte Stalin das politische Klima spürbar. In seinen Reden warnte er vor «Leichtgläubigkeit» – man dürfe nicht vergessen, dass die Feinde des Kommunismus allgegenwärtig seien. Die gefährlichsten von ihnen würden nicht offen auftreten, sondern so parteitreu wie möglich erscheinen. Damit etablierte er das Prinzip, das den Terror begleiten und verstärken sollte: Indem er die eigene Paranoia in ein universales Gefühl der Angst und Unsicherheit verwandelte, prägte er fortan die Stimmung in der Bevölkerung.

Niemand wusste, wer nun tatsächlich als Feind des Sowjetsystems galt. Vielleicht würde man selber der Nächste sein, den dieses Urteil traf. Stalin ließ das Klima von Unsicherheit und Misstrauen zwei Jahre lang wachsen. Dann begannen die Verhaftungswellen.

Kommunisten waren die Hauptopfer, Parteimitglieder eher betroffen als Nichtmitglieder, Funktionäre öfter als einfache Mitglieder. Am stärksten traf es leitende Partei-, Staats- und Wirtschaftsfunktionäre sowie höhere Offiziere – hier erreichte die Quote siebzig bis neunzig Prozent.

Je höher also der Rang, umso größer war die Wahrscheinlichkeit, verhaftet zu werden. Auch deutsche Exilanten waren von den Verhaftungen betroffen. Etwa siebzig Prozent aller deutschen Kommunisten, die mit der Hoffnung in die Sowjetunion emigriert waren, dort sicher zu sein, wurden inhaftiert.

Stalin hatte noch Ende der zwanziger Jahre erklärt: «Heute hackt man einen Kopf ab, morgen wieder einen, den nächsten übermorgen – was wird da am Ende von der Partei noch übrig bleiben?» Es blieb, kurz gesagt, unter Stalins Herrschaft nicht viel von der revolutionären Partei Lenins.

In seinem Testament hatte Lenin sechs Bolschewiki als mögliche Nachfolger genannt. Als 1938 die Massenverhaftungen aufhörten, waren vier von diesen sechs Spitzenfunktionären vom Geheimdienst NKWD erschossen worden: Sinowjew, Kamenew, Bucharin und Georgi Pjatakow. Trotzki war von Stalin längst entmachtet und zur Emigration gezwungen worden.

Übrig blieb allein Stalin. Und von jenen einundzwanzig Bolschewiki, die 1917 das Zentralkomitee bildeten, war nach den Säuberungen nur noch einer am Leben: Stalin selbst. Nachdem er durch den Ausbau seines bürokratischen Apparats und die Umstrukturierungen des Politbüros seine potenziellen Konkurrenten schon faktisch entmachtet hatte, diente ihm der Terror der Jahre 1936 bis 1938 dazu, diese Personen endgültig zu liquidieren.

DIE «VERSCHÄRFUNG DES KLASSENKAMPFES»

Ein halbes Jahr hatte dieser Vernichtungsfeldzug bereits angedauert, als Stalin sich im März 1937 erstmals öffentlich zu Wort meldete und eine Begründung für die Verhaftungen gab. Unter dem bemerkenswerten Titel «Über die Mängel der Parteiarbeit und die Maßnahmen zur Liquidierung der trotzkistischen und sonstigen Doppelzüngler» verkündete Stalin seine neue Doktrin über die «Verschärfung des Klassenkampfes mit der weiteren Entwicklung des Sozialismus». Diese Doktrin, die fortan zum untrennbaren Bestandteil der Stalin'schen Ideologie wurde und erst nach seinem Tod außer Kraft gesetzt werden sollte, umriss er mit folgenden Worten: «Es ist notwendig, die faule

Theorie zu zerschlagen und beiseitezuwerfen, dass der Klassenkampf bei uns mit jedem Schritt unseres Vormarsches mehr und mehr erlöschen müsse und dass der Klassenfeind in dem Maße, wie wir Erfolge erzielen, immer zahmer werde. Das ist nicht nur eine faule Theorie, sondern auch eine gefährliche Theorie, denn sie schläfert unsere Leute ein, lockt sie in die Falle, während sie dem Klassenfeind die Möglichkeit gibt, für den Kampf gegen die Sowjetmacht Kräfte zu sammeln.»

Mit der Verwirklichung des Sozialismus werde der Klassenkampf keineswegs aufhören: «Je weiter wir vorwärts schreiten, je mehr Erfolge wir erzielen werden, umso größer wird die Wut der Überreste der zerschlagenen Ausbeuterklasse werden, umso eher werden sie zu schärferen Kampfformen übergehen, umso mehr Niederträchtigkeiten werden sie gegen den Sowjetstaat begehen, umso mehr werden sie zu den verzweifeltsten Kampfmitteln greifen als den letzten Mitteln zum Untergang Verurteilter.»

Bisher hatte Stalin vor allem mit dem ständigen Hinweis auf die kapitalistische Umkreisung unliebsame Maßnahmen oder Verfolgungen durchgesetzt. Nun beschwor er die Gefahr einer Zersetzung des Systems durch innere Feinde. Um die Maßlosigkeit des Terrors und zugleich seine Willkür zu rechtfertigen, hatte Stalin eine Erklärung gefunden, die genauso perfide wie unwiderlegbar war: Die Feinde des Sozialismus verstünden es perfekt, sich als treue Anhänger des sozialistischen Systems zu maskieren. Je makelloser der Schein, umso größer die Wahrscheinlichkeit, dass man es mit einem Feind des Sozialismus zu tun habe. Dies war die Lizenz zum Terror, der keine Grenzen kannte.

Die Verhaftungen nahmen solche Ausmaße an, dass sie im sowjetischen Alltag bald eine Art grausamer Normalität erlangten. Auch in mein Leben waren sie ja eingedrungen, als meine Mutter im Oktober 1936 aus ihrem Zimmer abgeholt worden war. Vielleicht lag es gerade an dieser Allgegenwart des Terrors, dass selbst das Verschwinden meiner Mutter mich nicht grundlegend erschütterte. Vielen meiner Freunde im Kinderheim erging es ähnlich, häufig waren die Eltern oder zumindest ein Elternteil Opfer des Geheimdienstes geworden.

Die Verhaftungen folgten einem Muster: Die NKWD-Männer kamen in der Regel in den frühen Morgenstunden, um die Menschen aus ihren Wohnungen zu holen. Jeder musste damit rechnen, als Nächster verhaftet zu werden. In dieser grausigen Zeit wurden – vielleicht weil alles so unabwendbar schien – häufig Witze über die Verhaftungen erzählt, einer ging so:

Zwei Moskauer, Iwan und Pawel, treffen sich auf der Gorkijstraße.

«Nun, wie ist das Leben, Pawel?», fragt Iwan.

«Wie soll es schon sein, Iwan. Es ist halt wie im Autobus.»

«Wie im Autobus?»

«Ja, wie im Autobus. Die einen sitzen, und die anderen zittern.»

Am beliebtesten war der «Vier-Uhr-früh-Witz»: Um vier Uhr klopft es an einer Moskauer Wohnung, in der fünf Familien wohnen. Alle springen sofort aus ihren Betten, aber keiner traut sich, die Tür zu öffnen. Sie stehen und warten vor Schreck erstarrt an ihren Zimmertüren. Das Klopfen wird stärker. Schließlich fasst sich einer und öffnet die Wohnungstür. Man hört ihn eine Weile mit einem Mann flüstern. Dann wendet er sich um und strahlt: «Kein Grund zur Beunruhigung, Genossen, es ist nichts – das Haus brennt …»

Im täglichen Sprachgebrauch kam das Wort «Verhaftung» bald nicht mehr vor. «Man hat ihn mitgenommen», lautete die lapidare Formel, die sich dafür einbürgerte. Aber das Schweigen oder die Witze überdeckten nur die tiefe Erschütterung, die während dieser Jahre herrschte.

Auf meinem kurzen Weg zur Schule konnte ich fast täglich die Wagen sehen, mit denen die Verhafteten abtransportiert wurden. Immer häufiger drangen die Nachrichten von inhaftierten früheren Komintern-Funktionären, die ja bisher unsere Vorbilder waren, in unser Kinderheim. Über Nacht verschwanden nicht nur Lehrer der Karl-Liebknecht-Schule, sondern auch Redakteure der «Deutschen Zentralzeitung» und Mitarbeiter des «Klubs ausländischer Arbeiter».

Man merkte den Lehrern in der Schule, den Pädagogen im Heim, ja sogar den Referenten der Komintern bei ihren Besuchen die ständige Angst an, die sie quälte. Niemand wusste, wie man sich richtig verhalten sollte. Einige hielten Schweigen für das einzige Mittel, um nicht eine Äußerung zu tun, die sich rächen könnte. Andere hielten es für das Gefährlichste überhaupt, schweigend herumzulaufen, denn erst so erwecke man Misstrauen und gerate in Verdacht, ein Volksfeind zu sein. Gerade jetzt sei es wichtig, aktiv zu wirken und täglich auf Linie der «Prawda» seine Meinung zu äußern.

Man müsse seine Bücher «säubern», riefen die einen. Alle Bücher, bei denen auch nur der Verdacht bestehe, dass sie vielleicht nicht im Sinne der Führung seien, müsse man sofort verbrennen. Es gebe nichts Gefährlicheres, raunten die anderen, als auch nur das kleinste Stück Papier in den Ofen zu stecken. Die Nachbarn würden sofort vermuten, dass man Dokumente verbrenne.

Am Ende waren alle Diskussionen müßig. Es wurden sowohl diejenigen verhaftet, die stumm wie Fische umhergelaufen waren, als auch andere, die bei allen möglichen und unmöglichen Gelegenheiten laut und begeistert die Leitartikel der «Prawda» zitiert hatten. Solche, die sofort nach der Arbeit in ihr Zimmerchen gingen und sich nicht mehr herauswagten, fielen genauso der NKWD zum Opfer wie jene, die es sich zum Prinzip gemacht hatten, «nichts zu bemerken» und sich wie früher zu verhalten. Menschen, die ihre Bücher verbrannten, genauso wie die, die ihren Ofen nie angezündet hatten. Was an einem Tag richtig war, konnte am nächsten zum Verhängnis werden. Stalins Politik der Verunsicherung hatte ihre Wirkung vollends entfaltet. In den Jahren der Großen Säuberung herrschte in der Sowjetunion lähmende Angst.

Gut erinnere ich mich an eine Szene, die sich während unserer Deutsch-Prüfungen im Juni 1937 zugetragen hat. Nachdem er die Anwesenheitsliste kontrolliert hatte, zog unser Lehrer ein Buch von Georg Born aus seiner Mappe. Er werde uns jetzt eine Passage aus dem Buch dieses antifaschistischen Schriftstellers vorlesen, und unsere Aufgabe bestehe darin, den Inhalt nachzuerzählen.

In einigen Bänken begann man zu flüstern. Ein Schüler stand auf. «Genosse Lehrer», sagte er, «mein Vater hat erzählt, dass Georg Born vor ein paar Tagen als Volksfeind verhaftet worden ist.» Der Lehrer wurde aschfahl. Zitternd legte er das Buch wieder in die

Mappe. «Ich möchte mich bei euch für mein ernstes Versehen entschuldigen», erklärte er, als er sich einigermaßen gefasst hatte. «Selbstverständlich werden wir uns nicht auf das Buch eines Volksfeindes stützen, der jetzt seiner gerechten Strafe entgegensieht. Ich werde euch stattdessen eine Reportage von Egon Erwin Kisch vorlesen, und ihr werdet sie dann in eigenen Worten nacherzählen.»

Unzählige Opfer von Stalins Willkür wurden in Lager gebracht, wo sie meist unter unmenschlichen Bedingungen schwerste Arbeiten, etwa im Straßen- und Kanalbau oder in Bergwerken, verrichten mussten. Viele der Häftlinge starben an permanenter Unterernährung, Erfrierungen, harten Strafen, Erschöpfung oder Krankheiten. Das Gulagsystem, schon unter den Zaren errichtet und von Lenin ausgebaut, ist unter Stalin straff durchorganisiert und stetig erweitert worden. Die drei größten Lagerkomplexe waren Workuta in Nordrussland, Karaganda in Kasachstan und Magadan im sowjetischen fernen Osten.

Allein während der Großen Säuberung wurden rund sieben Millionen Menschen in Lagern inhaftiert – meine Mutter war eine von ihnen. Insgesamt zehn Jahre sollte sie in verschiedenen Lagern verbringen. Über ihre Erfahrungen in dieser Zeit schrieb sie ein erschütterndes Buch, das 1983 unter dem Titel «Fahrt ins Verhängnis. Als Sozialistin in Stalins Gulag» erschien. Darin schildert sie die groteske Willkür der Verhöre, etwa im Moskauer Lubjanka-Gefängnis.

Ihre Untersuchungsrichterin war eine junge, elegant gekleidete Frau, die sie mit dem Vorwurf konfrontierte, für Trotzki gearbeitet zu haben. Meine Mutter beschreibt den Fortgang des Verhörs: «Da ich von meinem Beweis der zeitlichen und räumlichen Unmöglichkeit, Kurier Trotzkis gewesen zu sein, nicht abging, versuchte sie, mir eine Beziehung zu dem Sohn Trotzkis, Ljowa Sedow, anzudichten. Schließlich beschränkte sie sich darauf, mich zu beschuldigen, ich hätte Bücher von Trotzki gelesen. Ich leugnete das nicht, aber ich sagte ihr, wenn sie zur Zeit der Oktober-Revolution schon erwachsen gewesen wäre, dann hätte sie – als gute Parteigenossin – das wohl auch getan, ja, sie wäre sogar verpflichtet gewesen, Trotzkis Werke zu lesen. Nur die Tatsache, daß sie zehn Jahre jünger sei als ich, habe sie vor diesem schrecklichen ‹Verbrechen› bewahrt.»

Danach verbrachte meine Mutter zweihundert Tage im Butyrki-Gefängnis – in einer 60 Quadratmeter großen Zelle, zusammen mit 73 weiteren Menschen. «Ein buntgemischtes Publikum», wie sie sich erinnert: Unter den Häftlingen, angeklagt als «konterrevolutionäre Agitatoren», «Trotzkisten», «Spionageverdächtige» und «Profaschisten», «gab es Frauen, die Freundschaften mit Ausländern gehabt hatten und nun als

‹Spione› bezeichnet wurden, gab es ‹Witzeerzähler›, die einen der vielen antisowjetischen Witze nicht einmal selbst weiterkolportiert, sondern nur angehört und darüber gelacht hatten».

Neben den desolaten Haftbedingungen machte vor allem die Ungewissheit ihrer Situation den Gefangenen zu schaffen: «Es gab in der Zelle endlose Diskussionen darüber, inwiefern man aus der Art und Anzahl der Verhöre, aus dem korrekten oder unfairen Verhalten des Untersuchungsrichters, aus der Überführung des Inhaftierten in eine Massenzelle oder in den privilegierten Gebäudeteil des Gefängnisses, aus der Bewilligung von Angehörigenbesuch, von Geldüberweisungen und anderen Vergünstigungen einen Schluss auf die Schwere des bevorstehenden Urteils ziehen könne. Die Versuche, ein Schema herauszufinden, schlugen aber alle fehl.»

Was die Gefangenen damals wohl ahnten, aber noch nicht sicher wissen konnten, war, dass zwischen einem vorgeworfenen Vergehen und der späteren Strafe keineswegs ein kausaler Zusammenhang bestehen musste. Tatsächlich lag bei den allerwenigsten politischen Häftlingen ein individuelles Verschulden oder gar Verbrechen vor – vielmehr wurde es erst nachträglich konstruiert.

Meine Mutter ist wegen «konterrevolutionärer trotzkistischer Tätigkeit» zu fünf Jahren Besserungsarbeit – Lager – verurteilt worden. «Das Schlimmste für den Menschen, der jahrelang der Freiheit beraubt ist», bilanzierte sie später, «sind nicht die körperlichen Leiden und Entbehrungen, auch nicht die moralischen Erniedrigungen, denen der Gefangene ausgesetzt ist, sondern seine völlige Loslösung aus dem Menschenkreis, dem er einstmals im Leben angehört hat, das grausame Verlorensein in einer neuen Existenz, aus der sich keine Fäden zum ehemaligen Leben knüpfen lassen.»

Nach zehn Jahren im Lager Workuta am nördlichen Polarkreis wurde sie in den Osten Kasachstans verbannt. Erst im August 1948 kehrte sie nach Deutschland zurück.

DAS PRINZIP DER ÖFFENTLICHKEIT

Eines der wesentlichen Merkmale der Großen Säuberung war ihre Öffentlichkeit. So wurde in Schauprozessen vorgeführt, dass die höchsten Führer der Oktoberrevolution von 1917, die engsten Mitkämpfer Lenins, Spione und Agenten gewesen waren. Stalin hat sich durch diese Prozesse nicht nur all jener entledigt, die ihm in der Parteispitze gefährlich werden konnten. Die Spektakel waren zugleich eine Zurschaustellung seiner unbeschränkten Herrschaft.

Vor allem waren es vier Schauprozesse, mit denen Stalin symbolisch und faktisch seine Macht demonstrierte: zum einen der öffentliche Prozess, der im August 1936 unter anderem gegen Sinowjew und Kamenew geführt wurde – gegen jene beiden Politbüromitglieder, die mit Stalin die Koalition gegen Trotzki gebildet und die dafür gesorgt hatten, dass Lenins Testament nicht öffentlich gemacht worden war. Ohne sie hätte Stalin nie zum Nachfolger Lenins werden können. Es folgte im Januar 1937 der Schauprozess gegen Giorgi Pjatakow aus dem Kommissariat für Schwerindustrie und Karl Radek, den ehemaligen Mitstreiter Rosa Luxemburgs, die sich schließlich, nach wochenlanger Folter und Schlafentzug, zur Kollaboration mit Trotzki bekannten. Mehr als 200 000 Menschen versammelten sich auf dem Roten Platz, als die Urteile verlesen wurden. Es war klirrend kalt. Trotzdem verharrten die Menschen, einige hielten Plakate, auf denen die sofortige Vollstreckung der Todesstrafen gefordert wurde, andere äußerten lautstark ihren Hass auf die Angeklagten.

Der Prozess gegen Marschall Tuchatschewski und eine Gruppe hoher Generäle der Roten Armee vom Juni 1937 war die dritte Propaganda-Aktion gegen führende Funktionäre. Michail Tuchatschewski war erst 1935 zum Mitglied des Zentralkomitees gewählt und zum Marschall der Sowjetunion ernannt worden. Nun warf man ihm vor, einen militärischen Putsch gegen die Sowjetunion vorzubereiten. Bucharin schließlich, der im Volk einst so beliebt gewesen war, wurde 1938 im «Prozess gegen den Block der Rechten und Trotzkisten» zum Tode verurteilt.

Die Prozesse endeten jeweils mit geradezu absurden Schuldeingeständnissen der Angeklagten. Diese Selbstbezichtigungen mögen dazu gedient haben, die eigenen Angehörigen vor weiteren Grausamkeiten zu bewahren. Umso mehr zeigt sich in diesen Reaktionen aber, wie absolut Stalins Macht zu diesem Zeitpunkt war und wie unzweifelhaft die Brutalität seiner Methoden.

Sie belegen auch, wie weit diese Macht und die herrschende Willkür schon verinnerlicht worden waren. Bucharin schrieb Anfang 1937 einen langen Brief an Stalin, in dem er seine Sünden bereute und um Vergebung dafür bat, Stalins Weisheit nicht immer anerkannt zu haben. «Jetzt liebe ich dich wirklich von ganzem Herzen», schreibt Bucharin. Sein Leben konnte er nicht mehr retten. Kurz vor seiner Hinrichtung bat er noch einmal um Zettel und Stift: «Koba, warum brauchst du meinen Tod?», notierte er darauf. Bucharin hat nie eine Antwort erhalten. Den Zettel aber bewahrte Stalin bis zuletzt in seinem Schreibtisch auf.

Neu und ungewöhnlich war vor allem die öffentliche Zurschaustellung des Terrors im Alltag: So sah man 1937 in Moskau riesige Plakate mit dem Konterfei von Stalin und dem von Nikolai Jeschow, dem damaligen Generalkommissar für Staatssicherheit, der die Verhaftungen organisierte und unmittelbar befehligte. Jeschow trug auf diesen Plakaten Handschuhe mit Stacheln, zwischen denen er Menschenkörper zusammenpresste, dass ihr Blut spritzte. Darüber stand in großen Lettern: «Wir vernichten die Feinde des Volkes.» Und darunter: «Der sowjetische Geheimdienst wird noch zeigen, wozu er fähig ist.»

Das Prinzip der Öffentlichkeit des Stalin-Terrors hatte noch eine andere Facette. Betriebe, Schulen, Hochschulen, Ministerien, Armee-Einheiten und Kollektivwirtschaften hielten regelmäßige Versammlungen ab, auf denen öffentliche Aussprachen über die Verhaftungen simuliert wurden. Auch hier sah man Plakate mit Parolen wie: «Erschießt die tollwütigen Gegner unseres Systems!» Oder: «Keine Gnade! Erschießen!» So sprach angeblich die Stimme des Volkes.

Dazu gab es auf diesen Veranstaltungen vermeintliche Abstimmungen über die Prozesse. Grotesk schon die Form: Sie waren in moderatem Ton gehalten, sachlich wurden Darlegungen über den Prozess vorgetragen. Dann hieß es etwa sinngemäß: «Wir sind ja hier eine sozialistische Demokratie, wir kommen jetzt zur Abstimmung. Wer ist dafür, dass die faschistischen

Bestien, die tollwütigen Hunde, die unser System und den Genossen Stalin stürzen wollen, die höchste Strafe – Erschießen – erhalten sollen?» Und: «Wer ist der Meinung, dass man sie vor Erschießung zurückhalten und ihnen die Möglichkeit geben sollte, dass sie ihre faschistischen Meinungen weiter verbreiten sollten?» Schließlich die Frage, ob es Enthaltungen gebe.

Natürlich gab es weder Enthaltungen noch Gegenstimmen. Alle, selbst wir Schüler, verstanden, worum es ging. Man spielte demokratische Abstimmung.

DAS MORDEN GERÄT AUSSER KONTROLLE

Formell war in den Prozessen, die auf die Verhaftungen folgten, alles sehr einfach. Drei Funktionäre des Staatssicherheitsdienstes genügten für eine Verurteilung. 10 oder 20 Jahre Haft sowie Tod durch Erschießen waren die möglichen Strafen. Eine solche Verhandlung dauerte meist nur drei bis vier Minuten pro Angeklagtem. Juristisch beruhten fast alle Verurteilungen auf einem einzigen Paragraphen. In Artikel 58 der Verfassung, der den Titel «Staatsverbrechen. Gegenrevolutionäre Verbrechen» trug, war festgelegt, was als konterrevolutionäres Vergehen zu werten und welches Strafmaß im jeweiligen Fall vorgesehen war. Einleitend heißt es darin: «Als gegenrevolutionär gilt jede

Handlung, die auf den Sturz, die Unterhöhlung oder die Schwächung der Herrschaft (...) der Union der SSR und der grundlegenden wirtschaftlichen, politischen und nationalen Errungenschaften der proletarischen Revolution gerichtet ist.» Entscheidend war aber weniger der Artikel 58, sondern ein Dekret, das Stalin noch am Tag des Kirow-Mordes im Dezember 1934 erlassen hatte: Es hob bei einer Anklage wegen «Terrorismus» jedes Recht auf Verteidigung auf und sah als einzige Strafe den Tod vor.

Stalin verstand es geschickt, seine Verantwortung für die Säuberungen zu vertuschen. Insgesamt 383 Todeslisten mit 44 000 Namen höherer Funktionäre tragen seine Unterschrift. 39 000 dieser Namen sind mit einem «R» (für «Rastrjel», Erschießung) versehen. In der Öffentlichkeit jedoch ließ Stalin gern andere als Urheber des Terrors erscheinen. Ähnlich hatte er im Falle des drohenden Bauernaufstands während der Zwangskollektivierung zu Beginn der dreißiger Jahre die Verantwortung für seine repressive Politik verschleiert.

In Interviews, die er zur Zeit der Großen Säuberung gab, beklagte er, es gebe «Abenteurer», die verdiente Genossen zu Unrecht verhafteten. Man könne Wachsamkeit auch übertreiben. So wusste das Volk während der Säuberung niemals mit letzter Gewissheit, wer für die Verhaftungen verantwortlich war.

Stalin wahrte auf diese Weise seinen Nimbus als sorgender Landesvater. Wiederum, wie im Falle der Zwangskollektivierung, glaubten nicht wenige, dass der Terror der Willkür untergeordneter Funktionäre geschuldet war. Auch dies schürte das Klima von Angst und Unsicherheit.

Zudem gab es die sogenannte NT-Liste (für «Ne trogatj»: Nicht anrühren). Die auf dieser Liste vermerkten Personen durften nicht verhaftet werden. Das war umso erstaunlicher, als es sich meist um Angehörige von Gruppen handelte, die besonders gefährdet waren: Juden, Bürger, die länger im Ausland gelebt und solche, die den Menschewisten nahegestanden hatten. Niemand durchschaute das Prinzip, das diesen Listen zugrunde lag. Es schien einzig der Willkür Stalins zu obliegen. Diese Ambivalenz zwischen Planung und Willkür hat die Säuberungen stets begleitet. Wichtig war dabei vor allem die Wirkung, die von diesem ebenso systematischen wie unsystematischen Terror ausging: eine Atmosphäre der Furcht, die die Menschen willfährig machte.

Anfang Dezember 1938 hörten die Verhaftungen plötzlich auf. Stalin hatte offenbar erkannt, dass das Morden außer Kontrolle geriet und neben seinen potenziellen Gegnern auch die ihm loyal verbundenen Anhänger dem Terror zum Opfer fielen. Das Herrschaftssystem als Ganzes war bedroht. Es beraubte sich mehr und mehr seiner Handlungsfähigkeit, indem es begann, seine eigenen Stützen zu vernichten.

Hinzu kam, dass die Opfer gelernt hatten, das Terrorsystem mit seinen eigenen Waffen zu schlagen. Eine Taktik bestand darin, bei Verhören möglichst viele Namen von angeblichen Verrätern zu nennen. Das brachte den sowjetischen Staatssicherheitsdienst in Schwierigkeiten. So kam es vor, dass ein Verhafteteter, der die Namen von angeblich «konterrevolutionären» Ärzten preisgeben sollte, sämtliche Ärzte der Stadt aufzählte. Wenn dann die Untersuchungsrichter Namen aus der Liste streichen wollten, empörte sich der Vernommene, dass hier offenbar Konterrevolutionäre geschützt werden sollten – was seine Wirkung nicht verfehlte. Diese Taktik sprach sich schnell herum.

Mag Stalins Terror also zunächst dem Kampf gegen wirkliche Feinde und dann der Vernichtung von persönlichen Gegnern gegolten haben, diente die Gewalt schließlich einem puren Selbstzweck. Und richtete sich zwangsläufig gegen den Urheber selbst.

Dass Stalin den Säuberungen ein Ende bereitete, hatte aber noch einen weiteren Grund. Mehr und mehr verlor die Bevölkerung den Glauben daran, dass der Diktator mit alldem nichts zu tun hatte. Als Stalin klarwurde, dass der Terror seine Macht nicht stabilisierte, sondern seine Autorität zu unterhöhlen begann, zog er die Konsequenz. Einer der Letzten, die verhaftet und verurteilt wurden, war der Generalkommissar für Staatssicherheit Nikolai Jeschow – jener Funktionär, der Stalins Terror mit brutaler Akribie organisiert hatte.

DER KRIEG

Wenige Wochen nach der Absetzung von Jeschow sprach man nur noch selten von den Verhaftungen. Fast schien es, als würden die «Jeschowtschina» – wie die Säuberungen genannt wurden – einer vergangenen Zeit angehören. Dabei waren die Spuren nicht zu übersehen. Es gab kaum eine Dienststelle, die nicht mehrfach die Verhaftung ihres gesamten Personalstabs erleben musste. Millionen Menschen befanden sich in den Lagern Sibiriens, Kasachstans oder im Fernen Osten. Kaum eine Familie war von diesem grausamen Vernichtungsfeldzug verschont geblieben.

Heute erstaunt es mich, wie schnell die Menschen in der Sowjetunion imstande waren, alles Schreckliche aus ihrem Gedächtnis zu tilgen. Auch mich selbst kann ich davon nicht ausnehmen. Wir hatten einfach zu viel erlebt in diesen Monaten. Unsere Gefühle waren abgestumpft.

Den Sommer 1939 verbrachte ich mit meinen Freunden aus dem Moskauer Kinderheim Nr. 6 am Asowschen Meer. Wir genossen diese Ferien in vollen Zügen. Umso größer war der Schock, als wir von der politischen Realität eingeholt wurden. «Wir haben einen Nichtangriffspakt mit Deutschland geschlossen», informierte uns unser Politleiter, der ein Vorabexemplar der am nächsten Tag erscheinenden «Prawda» erhalten hatte.

Alles hatten wir erwartet, nur dies nicht. Wir hatten zwar in der Presse über die Schwierigkeiten bei den Verhandlungen gelesen, aber niemand zweifelte daran, dass es zu einem Bündnisvertrag mit England und Frankreich gegen die faschistischen Aggressoren kommen würde. Nachdem wir den Wortlaut der Vereinbarungen erfuhren, war uns klar, dass sich von nun an die Außenpolitik der Sowjetunion grundlegend ändern würde.

Der Hitler-Stalin-Pakt hatte eine Vorgeschichte, die weitgehend unter Ausschluss der Öffentlichkeit stattfand. Im Oktober 1938 hatten der Botschafter Deutschlands in Moskau Friedrich Graf von der Schulenburg und der damalige sowjetische Volkskommissar für auswärtige Beziehungen Maxim Litwinow eine Vereinbarung geschlossen mit dem Ziel, im deutsch-sowjetischen Verhältnis eine Entspannung herbeizuführen. Dazu gehörte die gegenseitige Zusicherung, dass sich Presse und Rundfunk künftig persönlicher Attacken auf die Staatsoberhäupter des jeweils anderen Landes enthalten würden. Im Dezember 1938 war das Handelsabkommen zwischen Deutschland und der Sowjetunion – ohne die sonst üblichen Verspätungen und Schwierigkeiten – fristgerecht verlängert worden.

Stalin hatte in seiner Rede auf dem 18. Parteitag im März 1939 erklärt, das «verdächtige Spektakel», das die englische, französische und amerikanische Presse um die Ukraine-Frage veranstaltet hätten, verfolge den Zweck, die Sowjetunion gegen Deutschland aufzuhetzen und «einen Konflikt zu provozieren, für den keine sichtbaren Gründe vorhanden» seien.

Knapp zwei Monate später, am 3. Mai 1939, war Litwinow, einer der wenigen Juden, die in der sowjetischen Spitzenführung noch verblieben waren, vom Posten des Volkskommissars für auswärtige Angelegenheiten enthoben worden. An seine Stelle trat Molotow, der Vorsitzende der Sowjetregierung.

Kaum drei Wochen darauf, als die deutsche Regierung ein neues Handelsabkommen mit der Sowjetunion vorschlug, erklärte Molotow auf Anweisung Stalins, die Sowjetunion sei nur dann zur Wiederaufnahme von Verhandlungen mit Deutschland bereit, wenn vorher eine dafür notwendige «politische Grundlage» geschaffen würde. So entschloss sich Hitler Ende Juli 1939, Gespräche mit der Sowjetunion aufzunehmen. Am 23. August kam es schließlich zur Unterzeichnung des Paktes zwischen Deutschland und der Sowjetunion.

Schneller, als wir ahnen konnten, wurden wir

selbst Leidtragende dieser Entwicklung. Schon einen Tag, nachdem der Hitler-Stalin-Pakt unterzeichnet worden war, bekamen wir die Aufforderung, nach Moskau heimzureisen.

Nur noch für wenige Stunden kehrten wir in unser Kinderheim, das seit drei Jahren mein Zuhause gewesen war, zurück. Als wir eintrafen, hatten bereits Möbelpacker damit begonnen, unsere Kleidung und Habseligkeiten in Kisten zu verpacken und hinauszutragen. Der Direktor rief uns im großen Saal zusammen. Es begann wie immer mit einer politischen Einleitung: Die Westmächte hätten die Sowjetunion dazu bringen wollen, für die Interessen der westlichen Imperialisten zu kämpfen, erklärte er. Der große Stalin habe dieses Spiel jedoch durchschaut. Durch den sofortigen Abschluss des Paktes mit Deutschland sei die Voraussetzung dafür geschaffen, dass die Sowjetunion weiter in Frieden leben und ihren Aufbau fortführen könne.

Dann kam der Direktor auf unser Heim zu sprechen: «Im Zusammenhang mit den neuen außenpolitischen Notwendigkeiten wird auch bei uns eine gewisse Reorganisation erfolgen.» Reorganisation – das bedeutete die sofortige Auflösung. Ein Heim für die Kinder deutscher und österreichischer Kommunisten hatte unter der neuen profaschistischen Politik Stalins keinen Platz mehr. Wir wurden auf andere Kinderheime in Moskau verteilt, in denen wir fast alles, was wir bisher an materiellen und persönlichen Privilegien genossen hatten, verlieren sollten.

Etwas mehr als vier Jahre lebte ich zu diesem Zeitpunkt in der Sowjetunion. Mit vierzehn Jahren hatte ich den Beginn der riesigen Verhaftungswelle erlebt, die auch meine Mutter erfasste. Mit fünfzehn hatte ich mit ansehen müssen, wie unsere Lehrer abgeholt wurden. Ich hatte die Prozesse gegen die Menschen verfolgt, die noch wenige Monate zuvor als unsere großen Vorbilder gepriesen worden waren. Mit sechzehn war ich Zeuge, wie ein Zögling unseres Kinderheims nachts aus dem Schlaf gerissen und verhaftet wurde, weil er sich über die Angst vor dem Terror lustig gemacht hatte. Und nun, mit siebzehneinhalb Jahren, wurde ich gewahr, dass die Existenz unseres Kinderheims von einem Vertrag mit einer anderen Großmacht abhing.

Und noch etwas ahnte ich, auch wenn ich es noch nicht in seiner ganzen Konsequenz begriff: dass unser Schicksal und das der Sowjetunion einzig und allein in Stalins Händen lag.

STALIN UND HITLER

Auch wenn bis zur Unterzeichnung des Hitler-Stalin-Paktes die antifaschistische Politik der Sowjetunion offiziell nie in Frage gestellt worden war, gab es doch immer wieder Anzeichen, dass Stalin schon länger ein positives Bild von Deutschland gewonnen hatte.

In einem Gespräch, das der deutsche Schriftsteller Emil Ludwig im Dezember 1931 mit ihm führte, fragte er Stalin unter anderem, ob er für die Amerikaner besondere Sympathie hege. Dieser gab zur Antwort: «Wenn schon von unseren Sympathien für irgendeine Nation die Rede ist, so müssen wir natürlich über unsere Sympathien für die Deutschen sprechen. Zu diesen Sympathien stehen unsere Gefühle für die Amerikaner in keinem Vergleich!» Auf Ludwigs Frage nach dem Grund dafür, antwortete Stalin knapp, immerhin habe die deutsche Nation der Welt solche Männer wie Marx und Engels gegeben.

Stalin hatte nicht nur die Machtübernahme durch die Nationalsozialisten zunächst unkommentiert gelassen, sondern auch die unmittelbar einsetzenden Massenverhaftungen, den Reichstagsbrand oder die Errichtung der ersten Konzentrationslager in keiner öffentlichen Äußerung erwähnt. Erst im Rechenschaftsbericht an den 17. Parteitag im Januar 1934 sprach er über den Sieg der Nazis in Deutschland, ohne allerdings einen der Naziführer beim Namen zu nennen.

Liest man die Erinnerungen von Zeitgenossen, darunter die seiner Tochter, kann man den Eindruck gewinnen, Stalin habe für Hitler sogar eine gewisse

Bewunderung empfunden. Gustav Hilger, der von 1923 bis 1941 in der Deutschen Botschaft in Moskau tätig war, schrieb dazu später: «Im persönlichen Verkehr mit Stalin war deutlich zu spüren, dass ihn gewisse Charakterzüge und Handlungen Hitlers stark beeindruckten. Dabei imponierten ihm in erster Linie gerade die Aktionen Hitlers, die jeder rechtlich und anständig denkende Mensch verabscheute, wie etwa Hitlers Mordtaten vom 30. Juni 1934.»

Mir ist noch das Foto in der «Prawda» vor Augen, das den Moskauer Flughafen bei der Ankunft des deutschen Außenministers Ribbentrop zeigte. An den Flaggenmasten waren abwechselnd Sowjet- und Hakenkreuzflaggen gehisst, die einträchtig nebeneinander im Wind flatterten. Eine andere Fotografie zeigte Stalin mit einem Sektglas in der Hand, daneben waren seine Worte zu lesen: «Ich weiß, wie sehr das deutsche Volk seinen Führer liebt. Ich möchte auf die Gesundheit und das Wohlergehen des Führers trinken!»

Die Folgen des Hitler-Stalin-Paktes waren im Alltag bald nicht mehr zu übersehen. Als ich wenige Tage nach der Unterzeichnung die Moskauer «Bibliothek für ausländische Literatur» besuchen wollte, fand ich die Türen verschlossen. Im ganzen Land hatte keine einzige Bibliothek geöffnet. Sie waren geschlossen, weil man schleunigst alle Anti-Nazi-Bücher aus den

Regalen räumen musste, ebenso wie die Werke von Autoren, die in der Sowjetunion im Exil lebten, darunter Friedrich Wolf und Erich Weinert.

Einige Monate nachdem der Pakt geschlossen worden war, entdeckte ich dann im Lesesaal der Bibliothek zum ersten Mal nationalsozialistische Zeitungen. Unvergessen ist mir das Titelbild der «Brennessel», einer satirischen Zeitschrift der Nazis. Es zeigte das brennende Coventry und darunter einen SA-Mann, der höhnisch fragt: «Etwas Feuer gefällig, Mr. Churchill?»

Manche Sowjetbürger ließen sich von Stalins Sympathiebekundungen für Hitler mitreißen. Ich erinnere mich gut an den 14. Juni 1940, als die Wehrmacht in Paris einmarschierte. Ich fuhr mit der Straßenbahn durch Moskau, als ein Mann rief, Hitler sei ein «molodez» – ein fabelhafter Kerl. Nun habe er auch Paris genommen. In der sowjetischen Presse wurden die aggressiven Akte Hitler-Deutschlands, darunter die Besetzung Dänemarks und Norwegens im April 1940, mit zweifelhaften Argumenten gerechtfertigt: Der Krieg habe seine eigene Logik, man müsse Verständnis haben, dass die deutsche Seite zur Gegenwehr greife. Man müsse das alles in einem größeren Zusammenhang sehen.

DER FINNLAND-KRIEG

Die Überschätzung der eigenen Stärke und die Unterschätzung der Kräfte des Gegners – das sind die größten Fehler, die ein Armeeführer begehen kann. Stalin, der sich seit Zarizyn für einen großen Feldherrn hielt, sind sie im Finnland-Krieg unterlaufen.

Am 30. November 1939 griff die Rote Armee Finnland an. Die Sowjetunion hatte territoriale Ansprüche gestellt, ein Ultimatum war abgelaufen, ohne dass Finnland den Forderungen nachgekommen wäre. Stalin war überzeugt, das Land innerhalb von drei Wochen besetzen zu können. Dies erwies sich schnell als Irrtum. Kaum zehn Kilometer konnten die Sowjettruppen vorrücken, ehe sie im Schnee steckenblieben. Obwohl sie den finnischen Truppen zahlenmäßig überlegen war, erlitt die Rote Armee zunächst herbe Verluste. Der Winter machte den Soldaten zu schaffen, das Gelände war nur mit Skiern oder Schneeschuhen zu durchqueren – die Rote Armee war darauf nicht eingestellt. Erst im Frühjahr 1940 konnte sie ihre gewaltige militärische Überlegenheit nutzen und Finnland zu einem Waffenstillstand zwingen.

Es kam zum sowjetisch-finnischen Friedensvertrag, bei dem Finnland seine Unabhängigkeit bewahrte, aber territoriale Verluste hinnehmen musste. Offiziell gab es Jubelfeiern, aber intern folgten Diskussionen, warum die Armee so schlecht vorbereitet gewesen war. Stalin war bewusst, was der Finnland-Krieg für die Außenwahrnehmung bedeutete. «Die Autorität der Roten Armee ist eine Garantie der nationalen Sicherheit der UdSSR», hatte er bereits im Dezember 1939 erklärt: «Wenn wir für eine lange Zeit mit einem solch schwachen Gegner zu kämpfen haben, wird dies die antisowjetischen Kräfte der Imperialisten anstacheln.»

Tatsächlich hat der finnische Winterkrieg 1939/40 die Schwächen der Sowjetarmee offenbart und bestärkte Hitler in seinen Plänen für einen Blitzkrieg gegen die Sowjetunion.

Im Frühjahr 1941 begann Stalin eine Politik der Befriedung Nazi-Deutschlands. Die diplomatischen Beziehungen zu Jugoslawien, Norwegen, Belgien und Griechenland wurden mit der Begründung abgebrochen, diese Länder hätten infolge der deutschen Besetzung ihre Souveränität eingebüßt. Zudem garantierte Stalin, alle Lieferungen der Sowjetunion an Deutschland würden minutiös eingehalten. Hitler indes deutete Stalins Verhalten als Zeichen von Schwäche. Er fühlte sich in seiner vermeintlichen Überlegenheit bestätigt – schon im Winter 1940 waren alle wichtigen Vorbereitungen für den Überfall abgeschlossen.

DER ANGRIFF AUF DIE SOWJETUNION

Der Frühling 1941 war warm und freundlich. Die Stimmung war ausgelassen, als ich die Aula der Hochschule betrat, in der am Abend vor dem 1. Mai eine Versammlung der anglistischen Fakultät stattfinden sollte, an der ich mittlerweile studierte.

Wie üblich bei solchen Anlässen, wurde zunächst ein Ehrenpräsidium gewählt. Als der Name Stalin fiel, erhoben wir uns von unseren Sitzen und klatschten laut und anhaltend Beifall. Das Wort ergriff dann der Dozent für Militärkunde, der uns über die internationale Lage unterrichten sollte. Wir hörten vom imperialistischen Krieg in Europa, von der weisen Politik des großen Stalin, der es vermocht hatte, die Sowjetunion aus dem Konflikt herauszuhalten. Die meisten Studenten ließen den Vortrag gleichgültig über sich ergehen. Sie dachten wohl schon an den geselligen Abend, der auf den offiziellen Teil der Veranstaltung folgen sollte. Nur für einen Moment spürte ich Unbehagen – als berichtet wurde, deutsche Truppen seien am Vorabend in Finnland gelandet.

Am nächsten Tag versammelten wir uns vor der Hochschule, um zu den Maikundgebungen aufzubrechen. In geschlossenen Demonstrationszügen marschierten wir über den Roten Platz, und aus den Lautsprechern tönte: «Es lebe die Friedenspolitik der

Sowjetunion.» Und immer wieder die Parole: «Frieden». Es klang fast beschwörend.

Kurz zuvor hatte man uns in einer Vorlesung erklärt, dass es zwei Arten von Ehen gebe – die eine beruhe auf Liebe, die andere auf Vernunft. «Unser Pakt mit Deutschland», so der Dozent, «gleicht einer guten Vernunftehe. Damit ist nichts Herabsetzendes gesagt. Im Gegenteil: Sehr oft sind Vernunftehen bekanntlich fester und dauerhafter als Liebesehen.»

Am 7. Mai wurde bekanntgegeben, dass Stalin, der bisher offiziell nur den Titel des Generalsekretärs der Partei trug, zum Vorsitzenden des Rates der Volkskommissare ernannt worden war. Der bisherige formelle Regierungschef, Molotow, wurde sein Stellvertreter. Anfang Juni lagen die Listen zur jährlichen Staatsanleihe bei uns im Institut aus. Offiziell galt sie als freiwillig. Jeder konnte den Beitrag zahlen, der ihm angemessen erscheine, hieß es. Im Gegenzug erhielt man Staatsobligationen, die nach zwanzig Jahren zurückgezahlt werden sollten. Es war längst üblich geworden, einen Monatslohn zu investieren.

Prinzipiell war die Summe, die jeder «freiwillig» zu zahlen hatte, schon festgelegt, man musste nur noch unterschreiben. In diesem Jahr stand die Staatsanleihe unter der Parole: «Stärkung des friedlichen Aufbaus».

All dies waren Zeichen, die man hätte deuten können. Aber selbst wir Studenten wurden überrascht von der Nachricht, die uns am Morgen des 22. Juni 1941 erreichte. Wir waren mitten in unseren Examensvorbereitungen, als es hieß, Molotow werde eine Radioansprache halten.

«Bürger und Bürgerinnen der Sowjetunion», begann Molotow mit ernster und feierlicher Stimme: «Heute um vier Uhr früh, ohne irgendwelche Forderungen an die Sowjetunion zu erheben und ohne Kriegserklärung, haben die deutschen Truppen unser Land angegriffen, unsere Grenzen an vielen Stellen überschritten und Schitomir, Sewastopol, Kaunas und einige andere unserer Städte bombardiert.»

Nachdem seit zwei Jahren, seit dem Hitler-Stalin-Pakt, das Wort «faschistisch» aus dem offiziellen Sprachgebrauch gestrichen worden war, hörten wir es erstmals wieder. Unwillkürlich zuckten wir zusammen: «Die gesamte Verantwortung für diesen räuberischen Überfall auf die Sowjetunion fällt somit voll und ganz auf die deutschen faschistischen Herrscher.» Ehe uns wirklich klarwurde, was Molotow da gerade gesagt hatte, war seine Rede schon beendet. In unseren Ohren klangen noch seine letzten Worte: «Unsere Sache ist gerecht, der Feind wird geschlagen, der Sieg wird unser sein.»

Wir saßen wie versteinert da. Wir konnten es nicht fassen. Als wir kurz darauf das Studentenheim verließen, schien ganz Moskau auf den Beinen zu sein. Die Geschäfte waren überfüllt. Jeder wollte noch schnell Vorräte einkaufen. In der ganzen Stadt waren kleine fächerförmige Lautsprecher verteilt, sodass überall die Worte Molotows zu hören waren. Man vernahm Marschmusik, aber über den Verlauf der Kampfhandlungen wurde auch zwölf Stunden nach Kriegsbeginn nichts gesagt.

In den Zeitungen am Tag darauf lasen wir die neuen Losungen: «Das gesamte Sowjetvolk ist fest und einheitlich wie nie zuvor» und «Unter der Führung des großen Stalin wird das Sowjetvolk den hinterhältigen Feind zerschmettern» und «Mit dem Namen Stalin haben wir gesiegt, mit dem Namen Stalin werden wir siegen». Am zweiten Kriegstag wurde bekanntgegeben, dass alle Radioapparate eingezogen würden. Jeder Besitzer eines Geräts hatte innerhalb von 48 Stunden beim nächsten Postamt sein Rundfunkgerät gegen eine Quittung abzugeben.

Mit Erstaunen vernahm ich, dass plötzlich offiziell vom «großen vaterländischen Krieg des Sowjetvolkes» gesprochen wurde. Jeder von uns hätte damit gerechnet, dass von einem «antifaschistischen Befreiungskampf» die Rede sein würde, um die Verbundenheit der Sowjetunion mit den unterdrückten Völkern Europas zu betonen. Aber die Bezeichnung «vaterländischer Krieg» zog offensichtlich eine Parallele zum Krieg gegen Napoleon in den Jahren 1812/13.

Die Begriffe Partei, Sozialismus, Kommunismus oder gar Marxismus-Leninismus verschwanden aus der Propaganda. Fortan war fast ausschließlich die Rede vom Vaterland, von der Heimat, von der russischen Erde.

STALINS REAKTIONEN AUF DEN KRIEG

Bis zum letzten Moment hat Stalin nicht daran geglaubt, dass Hitler-Deutschland die Sowjetunion überfallen würde. Er war noch wenige Tage vor dem Angriff davon überzeugt, die Truppenkonzentrationen an der sowjetischen Grenze seien nur ein Bluff, um weitere wirtschaftliche oder territoriale Zugeständnisse zu erreichen.

Lange vor Kriegsausbruch hatte Stalin unzählige Warnungen erhalten. Die jugoslawischen Spionageabteilungen hatten gemeldet, dass Deutschland einen Krieg plane. Selbst die englische Regierung hatte Stalin informiert, dass ein Krieg von deutscher Seite mit äußerster Intensität und Konsequenz vorbereitet werde.

Stalin hielt dies für britische Propaganda. Noch am 14. Juni, eine Woche vor dem deutschen Angriff, kritisierte er den britischen Botschafter in Moskau öffentlich, was diplomatischen Gepflogenheiten krass widersprach. Stalin warf ihm vor, Gerüchte über einen bevorstehenden Krieg verbreitet zu haben. In der Erklärung dementierte er Meldungen, wonach die Sowjetunion territoriale und wirtschaftliche Forderungen aus Deutschland abgelehnt hätte und beide Länder deshalb zum Krieg rüsteten. Dies sei, so Stalin, eine «erlogene und völlig widersinnige Provokation».

Stalin ignorierte alles, was seinen Glauben hätte erschüttern können. Sein Wille, an das gute Verhältnis zwischen Deutschland und der Sowjetunion zu glauben, war offenbar so groß, dass intern bald niemand mehr wagte, ihm von Kriegsvorbereitungen zu berichten. Während im Frühjahr 1941 in der ganzen Welt über die Vorbereitungen Hitler-Deutschlands für einen Angriff gesprochen wurde, gab es nur ein einziges Land, in dem jede Diskussion über die Möglichkeit einer deutschen Attacke auf die Sowjetunion unterbunden wurde: die Sowjetunion.

Selbst in der Nacht zum 22. Juni, als der Angriff begann, hat Stalin die Mobilisierung militärischer Gegenmaßnahmen verhindert. Er glaubte, einige deutsche Befehlshaber hätten auf eigene Faust gehandelt. Bis zum Ende des nächsten Tages wollte er nicht wahrhaben, dass es sich um einen Befehl Hitlers handelte.

Als Stalin endlich erkannte, dass er einen fatalen Irrtum begangen hatte, war seine Reaktion nicht minder erstaunlich. Er fuhr auf seine Datscha und betrank sich. Erst am 3. Juli – fast zwei Wochen nach dem deut-

schen Überfall – trat Stalin wieder in der Öffentlichkeit auf. Seine Radioansprache war eine Katastrophe.
Er nuschelte. Seine Worte waren kaum zu verstehen.
Er sprach seine Sätze nur mit Mühe zu Ende. Es war
keine Rede, die dem Volk Mut machen konnte.

Zunächst versuchte Stalin, das schnelle Vorrücken
der deutschen Truppen zu erklären. Ausdrücklich wies
er darauf hin, dass bei einem erzwungenen Rückzug
der Armee alle wertvollen Güter ins Hinterland zu
schaffen seien. Schließlich rief er dazu auf, zur Unterstützung der Roten Armee in jeder Stadt, die vom
Feind bedroht werde, eine Volkswehr zu errichten.

Ich hatte Stalin schon häufig sprechen gehört.
Diesmal erkannte ich seine Stimme kaum wieder. Stalin sprach wie jemand, der den Krieg längst verloren
gegeben hatte. Ich wusste, dass er kein mitreißender
Redner war. Aber als wir diese Rede hörten, schauten
meine Kommilitonen und ich uns erschrocken an:
Mehr als das schnelle Vorrücken der deutschen Truppen, mehr als alle bisherigen Frontkommuniqués
hatten uns diese Worte deutlich gemacht, in welcher
Situation sich die Sowjetunion Anfang Juli 1941 befand. Die Rede ist nie wieder im Rundfunk übertragen
worden. Später wurde sie neu eingespielt, mit einer
fremden Stimme, und als kämpferische Ansprache inszeniert.

Über zwei Jahre hatte Stalin eine explizit deutschenfreundliche Propaganda lanciert, und dies wiederum hatte zur Folge, dass die Rote Armee nicht ausreichend gerüstet war für diesen Krieg, weder materiell noch psychologisch. So konnten die deutschen Truppen rasch vordringen.

Und noch für einen anderen Fehler musste Stalin nach diesem 22. Juni schwer büßen. Die Folgen der Massenverhaftungen sowjetischer Offiziere, denen während der Großen Säuberung drei Viertel der Kommandeure zum Opfer fielen (viele wurden erschossen oder fanden in Lagern den Tod), waren im Juni 1941 noch deutlich zu spüren. Die Armee war nicht nur schlecht ausgerüstet, es mangelte ihr auch an erfahrenen Offizieren, die den Widerstand gegen die deutschen Angreifer hätten planen und durchführen können.

Die deutschen Truppen stießen derweil entlang der ganzen Front vom Eismeer bis zum Schwarzen Meer in hohem Tempo vor. Zwei Wochen nach Ausbruch des Krieges waren bereits Litauen, fast ganz Lettland und Estland, ein größerer Teil Weißrusslands und der westlichen Ukraine von Hitlers Armee besetzt. Der Vormarsch ging schneller vonstatten, als selbst die größten Pessimisten gefürchtet hatten.

MILITÄRKOMMISSARE

Am 7. Juli, vier Tage nach Stalins verspäteter Rede zum Kriegsbeginn, wurde in einer besonderen Verfügung bestimmt, dass alle Personen, die während der Kriegszeit «unwahre Gerüchte» verbreiteten und Unruhe in der Bevölkerung schürten, durch Kriegstribunale zu Gefängnisstrafen von zwei bis fünf Jahren verurteilt würden. Am 17. Juli wurden in der Roten Armee die Militärkommissare wieder eingeführt. Bisher war stets erklärt worden, der Einsatz von Militärkommissaren sei eine notwendige Übergangsmaßnahme in der Periode des Bürgerkriegs gewesen – weil die Rote Armee noch zu wenige eigene Kommandeure gehabt hätte, seien den zaristischen Generälen und Offizieren ideologisch geschulte Kommissare an die Seite gestellt worden.

Nun, drei Wochen nach Beginn des Krieges, wurden die Militärkommissare als «Vertreter der Partei und der Regierung in der Roten Armee» bezeichnet, die «gemeinsam mit den Kommandeuren die volle Verantwortung für die Durchführung der gestellten Kampfaufgaben» tragen sollten. Die Kommissare seien verpflichtet, «streng die Verwirklichung aller Befehle der höheren Kommandostellen zu kontrollieren», rechtzeitig das Oberkommando und die Regierung «über jene Kommandeure zu benachrichtigen», die «die Ehre der Roten Armee verletzten». Sie sollten einen «unerbittlichen Kampf führen gegen Feiglinge und Deserteure» und seien verpflichtet, «jeden Verrat mit der Wurzel auszurotten».

Der Terror kehrte während des Krieges mit aller Macht in die Rote Armee zurück. Einige der am meisten berüchtigten Erlasse durften auch noch lange nach dem Krieg nicht erwähnt, geschweige denn zitiert werden, obwohl sie in den ersten Kriegsmonaten vor allen Soldaten verlesen worden waren.

So bestimmte Stalin im Befehl 270, der am 16. August 1941 ausgegeben wurde, dass alle Offiziere oder Soldaten, die in Kriegsgefangenschaft gerieten, als Verräter und Volksfeinde zu betrachten seien. Ihren Familien wurden Repressalien angedroht und die Lebensmittelrationen gekürzt.

Der Befehl 227 vom 28. Juli 1942 trug den Namen «Keinen Schritt zurück». Stalin erklärte darin, dass die Sowjetunion in den vergangenen Monaten fast siebzig Millionen Zivilisten und einen Großteil ihrer Industrie- und Agrarproduktion an den Feind verloren hätte. Weitere Rückzugsbewegungen seien nun nicht mehr möglich, ohne dass irreparabler Schaden entstünde. Stalin rief die gesamte Armee dazu auf, bis zum letzten Blutstropfen zu kämpfen, und kündigte drakonische Strafen für diejenigen an, die sich diesem Befehl widersetzen würden. Spezialeinheiten wurden gebildet, die im Falle einer Panik oder eines ungeordneten Rück-

zugs «unstabiler Divisionen» auf die eigenen zurück-
weichenden Truppen schießen mussten.

Die Soldaten der Roten Armee hatten nur die
Wahl, sich ins Feuer der deutschen Truppen zu begeben oder sich als Deserteure von den eigenen Leu-
ten töten zu lassen.

DIE DEUTSCHEN TRUPPEN VOR MOSKAU

Alle Kontrollen und Repressalien konnten nicht verhin-
dern, dass die deutschen Truppen im Oktober 1941 drei
Viertel des Territoriums der Ukraine besetzt hielten,
Leningrad umzingelt hatten und vor Moskau standen.

Dort hatten alle Fabriken, Werkstätten und öffentlichen Transportmittel den Betrieb eingestellt.
Fast alle Minister und Hunderttausende von Funktionären hatten die Stadt verlassen, obwohl die feind-
liche Vorhut noch hundert Kilometer entfernt war.
Andrei Sacharow erinnert sich später: «Durch die Straßen, verstopft mit rucksackbepackten Menschen, mit
Lastwagen und Fuhrwerken, die mit Gepäckstücken
und Kindern beladen waren, fegte der Wind schwarze
Aschewolken – in allen Behörden wurden Dokumente
und Archive verbrannt.» Ein Fünftel der Bewohner
Moskaus soll in diesen Tagen geflohen sein.

Im Stadtzentrum kam es zu Übergriffen gegen

Funktionäre der Bolschewiki, die während der ersten Kriegsmonate erheblich an Autorität eingebüßt hatten. Läden wurden geplündert, in Demonstrationen wurde offen das Ende der Diktatur gefordert.

In dieser kritischen Phase hat Stalin offenbar versucht, Hitler zu einem Separatfrieden zu bewegen. Nach Berichten, die erst in der Glasnost-Ära bekannt wurden, war Stalin damals bereit, Hitler die baltischen Republiken, das rumänische Moldaugebiet sowie auch Teile Weißrusslands und der Ukraine abzutreten.

Erst im November stabilisierte sich die Front zusehends. Das war in erster Linie Richard Sorge zu danken – der sowjetische Top-Spion hatte in Erfahrung gebracht, dass Japan keinen Angriff auf die Sowjetunion unternehmen würde. Somit konnte Stalin sämtliche sowjetische Truppen, die im fernen Osten stationiert waren, nach Moskau verschieben. Am 6. Dezember begann die Gegenoffensive.

Stalin kam aber noch etwas anderes zu Hilfe. Zu Beginn des Krieges waren ihm als Oberbefehlshaber grundlegende strategische Fehler unterlaufen, auch weil keiner seiner Generäle Widerspruch gewagt hatte. Schließlich aber überließ er seinen Offizieren die operativen Entscheidungsbefugnisse. Seine einzige Bedingung war, dass er die Befehle unterzeichnete. Er wollte, zumindest symbolisch, im Besitz der Macht bleiben.

Nicht zuletzt sind die Erfolge der Roten Armee aber neben der Grausamkeit gegen die russische Bevölkerung noch einem anderen Umstand geschuldet: dem Größenwahn Hitlers. Dieser wurde nirgends so deutlich wie im Kampf um Moskau. Statt sich auf Moskau zu konzentrieren, ließ Hitler seine Armeen in drei unterschiedliche Richtungen vorrücken: nach Leningrad, in die Ukraine und nach Moskau. Diese Taktik schwächte die deutsche Angriffskraft enorm.

Am 21. April 1945 erreichte die Rote Armee die Vororte von Berlin, am Tag darauf das Stadtgebiet. «Wie Radio Moskau berichtet, ist es den sowjetischen Truppen gelungen, einen Ring um Berlin zu schließen.» Diese Meldung verlas ich im Studio eines Moskauer Radiosenders, wo ich seit einiger Zeit als Rundfunksprecher arbeitete.

Auch wenn im April 1945 die militärischen Erfolge einen baldigen Sieg verhießen, hatte sich in der sowjetischen Bevölkerung eine Kriegsmüdigkeit breitgemacht. Um die Stimmung im Volk zu heben, wandte Stalin einen psychologischen Trick an: Er schürte die Hoffnung, mit dem Ende des Krieges würden sich auch die innenpolitische Lage und das alltägliche Leben in der Sowjetunion nachhaltig verbessern. Der Diktator ließ Gerüchte in Umlauf bringen: Die Verhafteten kämen bald aus den Lagern zurück, die Kirchen könnten wieder ungehindert tätig sein, und die Unterdrückung der Kultur im Namen des «sozialistischen Realismus» habe ein Ende. Millionen Sowjetbürger glaubten daran.

Stalin selbst ließ hin und wieder Bemerkungen fallen, die auf ein milderes Klima schließen ließen. Filme wurden dazu genutzt, die Stimmung der Bevölkerung in diesem Sinne zu beeinflussen. Einer ist mir im Gedächtnis geblieben, weil ich damals, als ich ihn in einem Moskauer Kino sah, meinen Augen und Ohren nicht trauen wollte: «Ach, wenn wir den Krieg gewonnen haben», schmeichelt ein Bürger einem Parteisekretär, «dann wird es wieder so schön, wie es früher war.» Aber der Parteisekretär widerspricht: «Nein, nicht wie früher. Wir Kommunisten haben früher viele Fehler gemacht. Wir waren viel zu hart zu den Menschen. Wenn wir siegen, dann sind auch wir Kommunisten anders und werden uns anders zu den Menschen verhalten.»

Stalin gelang es nicht nur, Hitler zu besiegen. Er schürte auch die Hoffnung, die Sowjetunion könnte nach diesem Krieg ein freieres Land werden. Es herrschte eine fast schon euphorische Stimmung, die über die Grenzen der Sowjetunion hinaus wirkte. Wenn sich so tiefgreifende Veränderungen in der Sowjetunion abzeichneten, was war dann erst in Ungarn, Rumänien oder Bulgarien möglich? Oder in Deutschland?

DAS ENDE

Im Mai 1945 befand sich Stalin auf dem Höhepunkt seiner Macht. Schon lange hatte er seine ärgsten Widersacher ausgeschaltet. Der Krieg hatte sein Regime im Innern gefestigt. Und als eine von vier Siegermächten konnte die Sowjetunion unter seiner Führung über das Schicksal Europas mitentscheiden. Stalin hatte seinen Herrschaftsbereich über den halben Kontinent ausgedehnt.

Ich selbst gehörte zu denjenigen, die die kommunistische Idee ins besiegte Deutschland tragen sollten. Im April 1945 war ich als Mitglied der «Gruppe Ulbricht» nach Berlin geschickt worden, um die politischen Strukturen in der sowjetisch besetzten Zone mit aufzubauen. Dass es einen eigenständigen deutschen Weg zum Sozialismus geben könnte, war die große Hoffnung, die ich mitnahm in das Land, das ich zwölf Jahre zuvor verlassen hatte. Die Gerüchte, die Stalin in den letzten Kriegswochen ausgestreut hatte, bestärkten mich darin.

Und zunächst hatten sich, unter dem Schirm der russischen Besatzungsmacht, tatsächlich die Ansätze für eine lebendige demokratische Kultur im Osten Deutschlands entwickelt. Doch spätestens Anfang 1948 musste ich all meine Hoffnungen begraben. Die SED, die aus der Zwangsvereinigung von SPD und KPD entstanden war, begann rasch, ihre Alleinherrschaft zu festigen – und auf Moskauer Kurs einzuschwenken. Auch in Deutschland würde es keinen anderen als den stalinistischen Weg zum Sozialismus geben, das wurde mir klar, als Walter Ulbricht am 16. April 1948 einen richtungweisenden Vortrag an der Karl-Marx-Parteihochschule in Liebenwalde hielt, wo ich seit 1947 als Dozent wirkte.

Ulbricht war in das kleine Örtchen nordöstlich von Berlin gekommen, um mehrere Stunden über die Zukunft der SED und ihre Rolle in einem künftigen ostdeutschen Staat zu sprechen. «Wir haben jetzt die Möglichkeit, unsere Forderungen mit Hilfe von Staatsgewalt durchzusetzen.» Das war einer der entscheidenden Sätze in Ulbrichts Rede, die keinen Zweifel daran ließ, dass sich die politische Linie sehr bald verändern würde. Die SED sei eine Staatspartei geworden, die für die Lösung aller Fragen der Volkspolizei, der Wirtschaftsplanung, der Landwirtschaft und der Kulturpolitik verantwortlich sei. Damit war das Ende der antifaschistischen, demokratischen Periode eingeläutet und der Grundstein für ein bürokratisch-diktatorisches System nach Moskauer Vorbild gelegt. Stalin hatte sein Herrschaftsprinzip auch nach Deutschland tragen können. Zudem zeigte mir das Beispiel Titos, dass jeder Versuch eines Staates, einen eigenen Weg zum Sozialismus zu beschreiten, unweigerlich zum Bruch mit Moskau führen musste.

Ulbrichts Rede öffnete mir die Augen – nun erst wurde mir in letzter Konsequenz klar, dass ich längst mit Stalin und seiner Politik abgeschlossen hatte. Mein Entschluss, die Sowjetzone zu verlassen, stand fest. Ich fasse mich hier kurz, in meinem Buch «Die Revolution entlässt ihre Kinder» habe ich meine Abkehr vom Stalinismus und die abenteuerliche Flucht, die mich im März 1949 mit tatkräftiger Unterstützung der jugoslawischen Behörden über die Tschechoslowakei nach Belgrad führen sollte, ausführlich beschrieben.

In der jugoslawischen Hauptstadt bot man mir an, die deutschsprachigen Sendungen von Radio Belgrad zu leiten. Vierzehn Jahre hatte ich unter Stalin gelebt, nun verfolgte ich aus der Ferne, welche Entwicklung der Stalinismus nehmen sollte. Nicht zuletzt hatte ich das zweifelhafte Vergnügen, die Gründung der DDR von Stalins Gnaden im Oktober 1949 kommentieren zu müssen.

Die Sowjetunion feierte derweil ihren «weisen Führer»: Zu Stalins 70. Geburtstag am 21. Dezember 1949 erschien eine Sonderausgabe der «Prawda», ein Fesselballon mit einem überlebensgroßen Porträt Stalins stieg in den Moskauer Abendhimmel empor – mit Scheinwerfern projizierte man sein Antlitz ins Dunkel des Himmels. Der Kult um Stalin hatte seinen Höhepunkt erreicht.

Dass es nur noch vier Jahre dauern sollte, bis Stalin sein Ende finden würde, verdanken wir der einzigen Macht, der auch er nichts entgegenzusetzen hatte: der Macht des Alters.

STALINS LETZTE DIREKTIVEN

«Ich bin am Ende. Ich traue niemandem mehr, nicht einmal mir selbst.» Mehrfach, so notiert es Chruschtschow in seinen Erinnerungen, habe Stalin im Sommer des Jahres 1951 diese Worte geäußert. Der alternde Diktator fühlte sich bedroht. Er musste erkennen, dass seine psychischen und physischen Kräfte schwanden. Davon zeugt auch der Bericht des indischen Botschafters Krishna Menon, einem der letzten ausländischen Besucher, die Stalin vor seinem Tod empfing. Menon schildert eine merkwürdige Begebenheit: «Während des Gesprächs zeichnete Stalin ununterbrochen auf einem Blatt Papier.» Das war eine alte Gewohnheit. Dieses Mal allerdings, fiel Menon auf, kritzelte Stalin mit einem Rotstift unablässig dasselbe Motiv: Wölfe. Unvermittelt begann Stalin plötzlich, über Wölfe zu sprechen. Russische Bauern, erklärte er, wüssten, wie mit Wölfen umzugehen sei. Man habe sie zu vernichten. Aber die Wölfe wüssten das und benähmen sich entsprechend.

Nicht lange vor diesem Treffen und nur wenige Monate vor Stalins Tod fand nach dreizehn Jahren erstmals wieder ein Parteitag statt. Auf diesem Kongress, der am 5. Oktober 1952 begann und zehn Tage dauerte, wurde eine Verschärfung des politischen Kurses angekündigt, ähnlich wie 1934. Molotow rief dazu auf, «nicht eine Minute die notwendige Wachsamkeit» zu vergessen. Der stellvertretende Ministerpräsident Georgi Malenkow forderte, die Kontrolle innerhalb der Partei und die ideologische Arbeit unbedingt zu intensivieren.

Stalin präsentierte den Rechenschaftsbericht nicht wie üblich selbst, denn er war schon nicht mehr in der Lage, eine solche körperliche Anstrengung durchzustehen. Der Diktator beschränkte sich auf eine kurze Ansprache über die Zusammenarbeit mit den kommunistischen Parteien im Ausland.

Auf dem Parteitag wurden zudem eine stärkere Zentralisierung und strengere Überwachung der unteren Parteiorgane angekündigt. Plenarsitzungen des Zentralkomitees sollten nicht mehr alle vier, sondern nur noch alle sechs Monate stattfinden. Zu den bisherigen vier Parteipflichten kamen sieben neue hinzu, darunter die Aufgabe, «politische Wachsamkeit» zu üben. Doch die Wachsamkeitskampagne zielte nicht nur auf die Partei, sondern auch auf das Volk. In der «Prawda» vom 15. Dezember 1952 war zu lesen: «Es gehört zur unmittelbaren Pflicht, alle Angehörigen, jedes Familienmitglied von Fehlern und schweren Vergehen an der Gesellschaft zurückzuhalten. Das sollte niemand vergessen.»

Dass Stalin eine neue große Säuberung plante, war offensichtlich. Im Januar 1953 geschah etwas, das auch die letzten Zweifel daran ausräumte. Stalin ließ eine Gruppe von neun jüdischen Kreml-Ärzten verhaften. Man legte ihnen eine umfassende Verschwörung zur Last: Im Auftrag der amerikanischen und britischen Geheimdienste sowie der jüdischen Organisation «Joint» hätten sie geplant, die Führer der Sowjetunion und der Sowjetarmee zu beseitigen. Sie wurden beschuldigt, ihre Gegner durch gezielte Fehldiagnosen und falsche Behandlungsmethoden auszuschalten.

Überraschend wurde jedoch am 22. Februar 1953 die Kampagne abgebrochen. Obwohl über die Gründe hierfür nichts bekannt wurde, vermutete man damals, Stalin sei nicht mehr in der Lage, die Untersuchungen über die angebliche Verschwörung zu kontrollieren.

STALINS LETZTE STUNDEN

Schon seit längerem pflegte Stalin die Nächte auf seiner Datscha statt im Kreml zu verbringen. Häufig lud er sich Gäste zum Essen ein, oft wurde bis in die frühen Morgenstunden getrunken. So auch an jenem letzten Februarabend, von dem sich der bereits gesundheitlich angeschlagene Diktator nicht mehr erholen sollte. Am nächsten Tag fand man Stalin bewusstlos am Boden. Er war, als er sich am frühen Abend ein Glas Wasser holen wollte, gestürzt. Man hob ihn auf und legte ihn auf einen Diwan in dem angrenzenden kleinen Speisezimmer. In der Nacht trafen die Politbüromitglieder ein, in Begleitung einer Gruppe von Ärzten.

Chruschtschow erinnert sich, wie die Ärzte ehrfürchtig und ängstlich in Stalins Zimmer traten. Keiner wagte zunächst, den Diktator zu berühren. Schließlich stellte einer von ihnen fest, dass Stalin einen Arm und ein Bein nicht mehr bewegen konnte. Er hatte einen Schlaganfall erlitten.

Gegen Mittag erschien Stalins Tochter Swetlana Allilujewa auf der Datscha. Später hat sie die Szene wie folgt beschrieben: «Man machte Elektrokardiogramme, Röntgenaufnahmen der Lunge (...) Man brachte aus irgendeinem Institut einen Apparat für künstliche Beatmung und auch gleich die jüngeren Spezialisten; denn außer diesen verstand niemand, mit dem Gerät umzugehen. Das schwerfällige Aggregat stand da, ohne benutzt zu werden. Alle zeigten sich bemüht zu schweigen wie in einem Dom. In einem dieser Augenblicke öffnete er plötzlich die Augen und ließ seinen Blick über alle Umstehenden schweifen. Es war ein furchtbarer Blick, halb wahnsinnig, halb zornig ... dieser Blick ging im Bruchteil einer Sekunde über alle hin, und da – es war unfasslich und entsetzlich, ich begreife es bis heute nicht –, da hob er plötzlich die linke Hand und wies mit ihr nach oben, drohte uns allen ...» In den Protokollen der Ärzte ist davon nichts zu lesen.

Stalins Zustand verschlechterte sich rapide. Am Abend des 2. März billigte das Parteipräsidium eine weitere Behandlung mit Blutegeln, Magnesiumsulfat-Lösungen, kalten Kompressen und gesüßtem Tee. Am 4. März setzte seine Atmung immer häufiger aus. In der folgenden Nacht erbrach er Blut. Lippen und Hände waren am Morgen blauschwarz angelaufen. Stalin starb am 5. März 1953.

REAKTIONEN AUF STALINS TOD

Am Morgen des 6. März erklang im sowjetischen Rundfunk ein Trommelwirbel. Im Anschluss wurde die Nationalhymne gespielt. Danach folgte die offizielle Verlautbarung vom Zentralkomitee der Kommunistischen Partei: «An alle Mitglieder der Partei, an alle Werktätigen der Sowjetunion, teure Genossen und Freunde, Zentralkomitee und Ministerrat teilen in tiefem Schmerz mit, dass am 5. März 1953, um 21.50 Uhr, der Vorsitzende des Ministerrats der Sowjetunion, Sekretär des Zentralkomitees der Kommunistischen Partei der Sowjetunion Jossif Wissarjonowitsch Stalin nach einer schweren Krankheit verschieden ist.» Sodann hieß es pathetisch: «Das Herz des Kampfgefährten und genialen Fortsetzers der Sache Lenins, des weisen Führers und Lehrers der Kommunistischen Partei und des Sowjetvolkes Jossif Wissarionowitsch Stalin hat aufgehört zu schlagen.»

Als ich diese Meldung auf Radio Moskau hörte, lebte ich bereits in Köln. Von Jugoslawien war ich 1950 in die Bundesrepublik übergesiedelt. Mit Spannung beobachtete ich von dort aus, was nach Stalins Tod in der Sowjetunion vor sich ging. Niemand wusste, ob es in der Bevölkerung zu Unruhen kommen würde. Auch die Reaktionen in der Parteispitze waren nicht vorauszusagen. Würde sich eine ähnliche Ratlosigkeit offenbaren wie nach dem Tod Lenins fast drei Jahrzehnte zuvor? Würden Kämpfe um die Nachfolge Stalins ausbrechen?

Was mir zunächst auffiel: Alles ging sehr schnell. Schon eine Stunde, nachdem die Todesnachricht über

Radio Moskau offiziell verkündet worden war, stand das Komitee für die Beisetzung fest. Zum Vorsitzenden war Nikita Chruschtschow erklärt worden. Um 14 Uhr desselben Tages wurde Stalin im Gewerkschaftshaus in Moskau aufgebahrt. Am Abend waren bereits die wichtigsten personellen Veränderungen beschlossen: Molotow wurde Außenminister, Malenkow Vorsitzender des Ministerrates, Bulganin übernahm das Verteidigungsministerium. Erster Sekretär des Zentralkomitees der KPdSU wurde Nikita Chruschtschow. Ich war vermutlich nicht der Einzige, der überrascht darüber war, wie rasch man diese Entscheidungen getroffen hatte.

Fast hatte es den Anschein, als wolle die Parteiführung die Erinnerung an Stalin möglichst schnell auslöschen. Sein Leichnam wurde nur drei Tage aufgebahrt – bei Lenin waren es sieben gewesen. Ich hatte nicht den Eindruck, echte Trauer zu erleben, weder in der Bevölkerung noch in den Verlautbarungen der Partei. Nur in der Form ähnelten die offiziellen Trauerfeiern denen vom Januar 1924. Ganz und gar ungewöhnlich war, dass kein einziger Sowjetführer einen Gedenkartikel für Stalin veröffentlichte. Nur einige Beiträge von zweitrangigen Funktionären erschienen in der «Prawda», dazu Würdigungen ausländischer Kommunisten wie Wilhelm Pieck.

Auch die Stimmung der Bevölkerung ließ sich

nicht mit der Anteilnahme am Tod Lenins vergleichen. Zwar kam es nach der Nachricht von Stalins Tod zu einem Massenauflauf auf dem Roten Platz, bei dem es auch einige Tote gab. Aber dies war kein Zeichen von Panik, es zeigte eher, dass die Menschen diesen historischen Moment nicht verpassen wollten.

Dass man sich in der Parteispitze wie auch im Lande insgesamt von Stalin distanzierte, erkannte ich daran, dass bereits in den ersten Wochen nach Stalins Tod neue politische Akzente gesetzt wurden. Am 27. März 1953 wurde die kollektive Leitung zum Prinzip der Partei erklärt. Am 4. April sprach man die im Januar verhafteten Kreml-Ärzte, von Stalin der Verschwörung bezichtigt, frei und entließ sie aus dem Gefängnis – sie seien zu Unrecht und ohne gesetzliche Grundlage verhaftet worden, hieß es in der offiziellen Erklärung.

Fast täglich überraschte die Sowjetführung mit einschneidenden Veränderungen. Am 6. April erschien in der «Prawda» ein Artikel mit der für sowjetische Verhältnisse erstaunlichen Überschrift: «Die sowjetische sozialistische Gesetzlichkeit ist unantastbar.» Offen wurde darin Kritik am Geheimdienst geübt. Die jüngsten Verhaftungen von sowjetischen Wissenschaftlern wurden angeprangert. Die dafür verantwortlichen Funktionäre des früheren Ministeriums für Staatssicherheit hätten offenbar vergessen, dass sie Diener des Volkes und somit verpflichtet seien, über die sowjetische Gesetzlichkeit zu wachen.

Dieser Artikel war Teil einer breitangelegten Kampagne, mit der die Sowjetführung Mängel im Staatsapparat aufdeckte und Akte von Willkür und Unrecht, die von Mitarbeitern des Apparates begangen wurden, öffentlich machte. Immer wieder wurde erklärt, der Schutz der verfassungsmäßigen Rechte sei die wichtigste Grundlage für die weitere Entwicklung des Sowjetstaates.

Bei den Maidemonstrationen im Jahr 1953 schließlich fand sich auf den großen Plakaten eine äußerst ungewöhnliche Losung: «Die von der Verfassung garantierten Rechte der Sowjetbürger sind unabänderlich und werden von der Sowjetregierung geschützt.» Es war allerdings das erste und auch das letzte Mal in der sowjetischen Geschichte, dass so etwas zu lesen war.

Mit großer Aufmerksamkeit und ebenso großen Hoffnungen nahm ich diese Entwicklungen zur Kenntnis. Die Sowjetunion war an einem Scheidepunkt, an dem es ihr gelingen konnte, einen neuen und besseren Weg zum Kommunismus einzuschlagen. Die Distanzierung von Stalin war hierfür die wichtigste Voraussetzung.

Umso mehr überraschte mich, wie die DDR auf den Tod Stalins reagierte. Üblicherweise hielt sich die

SED-Führung sehr genau an den politischen Kurs, den die Sowjetunion vorgab. Jetzt aber ignorierte sie alle Signale, die aus Moskau kamen. Während man dort auf Stalins Tod verhalten reagierte, veranstaltete die DDR pompöse Trauerfeiern.

Von jeher war die Stalin-Verehrung in der ehemals sowjetisch besetzten Zone im Vergleich zu anderen Staaten des Ostblocks besonders groß gewesen. Zu seinem 70. Geburtstag im Dezember 1949 hatte der SED-Parteivorstand Stalin als «Baumeister des Sozialismus» gefeiert.

Solch offensichtliche Unterschiede in der politischen Linie wie in den Monaten nach Stalins Tod hat es zwischen der Sowjetunion und der DDR nie wieder gegeben. Während dort rasch die Nach-Stalin-Ära eingeleitet wurde, ließ man hier unzählige Bilder des Verstorbenen aufhängen, und Plakate mit seinen Aussprüchen waren auf vielen Straßen und Plätzen zu sehen.

Spätestens als die DDR-Führung ausgerechnet in Moskau eine riesige Stalin-Statue bestellte, wurde klar, wie viel Naivität diesem Verhalten innewohnte. Es war ja nicht wenig heikel, sich in diesem Maße der sowjetischen Linie entgegenzustellen. Die Statue ist übrigens nie in der DDR angekommen, denn in der Sowjetunion hatte man gerade begonnen, alle Stalin-Denkmäler in Lagerhallen zu deponieren.

Ob die SED-Spitze die Zeichen aus Moskau nach Stalins Tod falsch deutete oder bewusst ignorierte, darüber konnte man nur spekulieren. Möglicherweise herrschte Unsicherheit darüber, wie stabil die politische Lage in Moskau tatsächlich war. Es hätte schließlich sein können, dass der neue und überraschende Kurs des Kreml nur eine vorübergehende Erscheinung blieb, der man zunächst am besten mit Vorsicht begegnete.

EINE GEFAHR FÜR DIE GEGENWART

Heute, nach mehr als fünfzig Jahren, muss man leider die Entwicklung in Russland einmal mehr mit Skepsis betrachten. Was unter Chruschtschow an Aufarbeitung begann und in der Tauwetterperiode unter Gorbatschow mit der Öffnung der Archive seine Fortsetzung fand, all jene Fortschritte beim Versuch, die stalinistischen Verbrechen aufzuklären, werden durch die Putin-Führung zunichte gemacht.

Heute erklären Stalin-Apologeten in Russland, die Geschichte werde gegen den Kommunismus umgeschrieben. Das Gegenteil ist der Fall. Wer die Ära des Stalinismus und das Wirken Stalins wahrheitsgetreu darstellt, der schreibt die Geschichte nicht *gegen*, sondern *für* den Kommunismus um. Denn es geht darum

zu zeigen, dass das, was Stalin an Verbrechen im Namen des Kommunismus verübt hat, nichts zu tun hat
mit den Ideen des Marxismus, die diesem Kommunismus zugrunde liegen.

Auch ich habe meine Zeit gebraucht, um das wirklich zu begreifen. Ich erinnere mich an ein Vorkomm-
nis aus dem Jahr 1947, das mir im Nachhinein wie
ein Schlüsselerlebnis erscheint. Gemeinsam mit dem
Kollegen Victor Stern diskutierte ich während einer
Sitzung an der Karl-Marx-Parteihochschule mit einer
Gruppe von Studenten. Sie äußerten ihren Unmut
über die, wie sie es empfanden, übertriebene Stalin-
Verehrung in der Sowjetunion. Der Führerkult, der
um ihn inszeniert wurde, schien ihnen suspekt.

Ich versuchte zu vermitteln und erklärte den Studenten, dass mit den unzähligen Stalin-Ikonographien
nicht er selbst gemeint sei. Stalin sei ein Symbol für
die kommunistische Idee und für die Erfolge der kommunistischen Partei. Stern unterbrach mich. «Was der
Genosse Leonhard da gerade sagt, ist natürlich vollkommener Unsinn», erwiderte er. «Selbstverständlich
ist Stalin der große Held der Revolution und unser
weiser Führer.»

Wir beide, Victor Stern genauso wie ich, waren in
diesem Jahr 1947 noch dem Stalin-Kult erlegen, jeder
auf seine Weise. Während Stern ihn als starken und
weisen Führer verehrte, wollte ich in Stalin die Ver-

körperung einer Idee sehen – die er allerdings schon längst verraten hatte. Vielleicht musste ich noch einmal so deutlich aussprechen, dass Stalin ein Symbol für die kommunistische Idee sei, um mir klar darüber zu werden, was mir schon länger «politische Bauchschmerzen» bereitet hatte. Aber erst als ich zwei Jahre später im Flugzeug nach Jugoslawien saß, konnte ich meine Zweifel offen äußern.

Wenn heute Stalin wieder als großer Führer gepriesen wird, als Patriot und Garant nationaler Stärke, dann kommt das nicht nur einer Verhöhnung der Millionen Opfer gleich, die ihr Leben im Stalinismus verloren haben. Ich sehe darin auch eine politische Gefahr für die Gegenwart. Solange die Verbrechen Stalins nicht als Teil der eigenen Geschichte anerkannt werden, ist der Weg zu einer wahrhaft demokratischen Gesellschaft in Russland nicht möglich.

LITERATUR

Baberowski, Jörg: Der rote Terror. Die Geschichte des Stalinismus, München 2003.

Deutscher, Isaac: Stalin. Die Geschichte des modernen Russland, Stuttgart 1951.

Figes, Orlando: Die Flüsterer. Leben in Stalins Russland, Berlin 2008.

Figes, Orlando: Die Tragödie eines Volkes, Berlin 1998.

Hilger, Gustav: Stalin. Aufstieg der UdSSR zur Weltmacht, Göttingen 1952.

Leonhard, Susanne: Fahrt ins Verhängnis. Als Sozialistin in Stalins Gulag, Freiburg 1983.

Leonhard, Wolfgang: Die Revolution entlässt ihre Kinder, Köln 1955.

Leonhard, Wolfgang: Kreml ohne Stalin, Köln 1960.

Leonhard, Wolfgang: Meine Geschichte der DDR, Berlin 2007.

Leonhard, Wolfgang: Schein und Wirklichkeit in der Sowjetunion, Berlin 1952.

Montefiore, Simon Sebag: Der junge Stalin, Frankfurt am Main 2007.

Montefiore, Simon Sebag: Stalin. Am Hof des roten Zaren, Frankfurt am Main 2005.

Rubel, Maximilian: Stalin mit Selbstzeugnissen und Bilddokumenten, Reinbek 1975.

Talbott, Strobe (Hg.): Chruschtschow erinnert sich, eingeleitet und kommentiert von Edward Crankshaw, Reinbek 1971.

PERSONENREGISTER

DANK

Ich danke meiner Frau Elke für ihre unschätzbare Hilfe und Unterstützung bei der Arbeit zu diesem Buch.